Walther Rohdich

Roßbach

Die Geschichte der Schlacht am 5. November 1757

Walther Rohdich

R o ß b a c h

Die Geschichte der Schlacht am 5. November 1757

Rediroma-Verlag

Bibliografische Information der Deutschen Nationalbibliothek:
Die Deutsche Nationalbibliothek verzeichnet diese Publikation in der Deutschen Nationalbibliografie; detaillierte bibliografische Daten sind im Internet über http://dnb.ddb.de abrufbar.

ISBN 978-3-96103-268-6

www.rediroma-verlag.de
11,95 Euro (D)

Inhaltsverzeichnis

Vorwort

„O tempora – o mores!" rief einst der redegewandte Römer Marcus Tullius Cicero, geboren 106, gestorben 43, der gleichzeitig Politiker, Anwalt, Philosoph, Schriftsteller, Konsul und Meister der lateinischen Sprache war, und meinte damit „Oh Zeiten – oh Sitten!" Er hatte, wie alle Menschen vor und nach ihm, an seinen Lebzeiten viel auszusetzen. Wie hätte er, zum Beispiel, auf die folgenden Zeilen des Jahres 1757 reagiert, ein Jahr, das wir zum Thema dieser Abhandlung machen werden?

„Ein Soldat bin ich eben und steh vor meinem Feind,
in Freud und Leid muss leben wie mir es Gott bereit'.
Wenn ich steh in dem Feld oder lieg in dem Zelt,
hab ich mich Gott befohlen, er mach's wie's ihm gefällt.
Und wenn der Feind anrücket an unser Vaterland,
da sich dann mancher bücket, wie uns ist wohlbekannt,
doch schlagen wir den Feind und machen uns brav Beut',
und die im Tod erbleichen kommen zur Himmelsfreud."

Über zweihundertfünfzig Jahre liegen zwischen diesen Zeilen und uns: Da kann man Meister Cicero wohl zustimmen! Und wir müssen zur Kenntnis nehmen, dass Soldaten, die jene Lieder sangen, - und auch viel mehr fromme oder aufsässige -, ihr Leben für eine Sache in die Schanze schlugen, die uns heutige Menschen kaum lohnenswert, gar unmoralisch erscheint. Wie zum Beispiel eine der vielen Schlachten des Soldatenkönigs Friedrich II. von Preußen, deren eine hier abgehandelt werden wird. (Nur beiläufig wagt der Autor zu bekennen, dass er diesen König und nicht, wie üblich, dessen Vater den Soldatenkönig nennt; dieser war mehr ein Soldatenfreund.)

1757 dichtete Johann Wilhelm Ludwig Gleim, geboren 1719, gestorben 1803, einige jener zahlreichen Verse, welche den König verherrlichen:

„Auf Brüder, Friedrich unser Held,

der Feind von fauler Frist,
ruft uns nun wieder in das Feld,
wo Ruhm zu holen ist."

Wenn wir heute wieder von einer Schlacht berichten, welche durch den Ortsnamen berühmt geworden ist, dann tun wir es, um jene Menschen zu ehren, die damals, auf welcher Seite auch immer sie gestanden haben mögen oder auf welche sie gestellt worden waren, ihr Leben für einen Monarchen, ihre Heimat oder auch nur für Lohn ließen. Es war in damaligen Zeiten, - und leider ist es noch heute so -, viel von Gott, Glauben, einer gerechten Sache und Schicksal die Rede. Der Krieg als Mittel zur Politik? Nun, das ist uns auch heute noch geläufig...

Südbrookmerland, Herbst 2017 Walther Rohdich

Prolog

In der nun anstehenden Zeit gegen Ende des Jahres 1757 stand dem Preußenkönig Friedrich II. das Wasser bis zum Hals. Er war im Jahr 1756 in diesen Krieg als bisher ungeschlagener Feldherr gegangen und sein Ruhm war gar nicht angekratzt. In den beiden vorigen Kriegen um den Besitz Schlesiens war dieser Ruhm entstanden, obwohl es da nur einen Sieg gegeben hatte, welchen er allein seinem Konto gutschreiben konnte: den von Hohenfriedeberg. Auch 1756 und anfangs 1757 lief alles nach seinen Wünschen, ein Sieg folgte dem anderen, bis er beim böhmischen Dorf Kolin an einen Gegner geriet, der ihn sofort richtig zu fassen verstand: den österreichischen Feldmarschall Daun.

Friedrichs notorische Ungeduld verpatzte den Sieg: Seine braven Soldaten waren des Marschierens müde und wurden von ihm doch hangauf gegen die feste Aufstellung der Österreicher befohlen – seine erste Niederlage fand an diesem Tag statt!

Galt jetzt für ihn auch noch, was zwei große Geschichtsschreiber der alten Römer über einen Feldherren geschrieben hatten, dem Friedrich sich mit seiner antiken Bildung verbunden fühlte? Beide, Lucius Cassius Dio, 163 bis 229, und Appianus, ca. 90 bis ca. 160, schrieben über den großen Mithridates VI., König von Pontus, ca. 132 bis 63, folgendes. Zuerst Cassius Dio:
„Dieser Mann war wirklich geboren, um große Dinge zu unternehmen. Da er öfters das Glück von seiner guten, aber auch von seiner widrigen Seite erfahren hatte, so glaubte er, dass nichts seine Hoffnungen und seinen Mut übersteige, und er maß seine Entschlüsse mehr nach der Größe seines Mutes als nach seinen Umständen ab, fest entschlossen, wenn sein Vorsatz nicht glückte, ein Ende zu nehmen, das eines großen Königs würdig sei, und sich eher unter dem Schutt seines Reiches zu begraben, als in niedriger Ruhmlosigkeit zu leben."
Und Appianus schrieb über dieselbe Person:
„Er war ein tapferer und listiger Fürst, dem es nie an Hilfsmitteln fehlte, und den weder heimliche Nachstellungen noch offenbare Angriffe erschreckten. Unerschrocken und mutig im Unglück, kannte er kein Hilfsmittel, keine List, deren er sich nicht gegen seine Feinde bediente. Sein Verstand war ziemlich ausgebildet, er liebte die Wissenschaften und fand Gefallen an der Musik."

Wer Friedrichs Verhalten zwischen 1756 und 1763 kennt, findet hier durchaus Parallelen: Sein „Spiel mit dem Tod", sein Liebäugeln mit Gevatter Tod immer dann, wenn Unglück und Verderben drohen. Am Abend der hier fraglichen Zeit hat ihn eine Depression derartig gepackt, dass er Bruder Heinrich sein Herz ausschüttet:

„Ich halte es für meine Schuldigkeit, Sie zu benachrichtigen, dass mein Entschluss gefasst ist. Briefe melden mir, dass ich von Frankreich nichts zu erwarten habe, meine Emissäre müssen übermorgen nach Naumburg zurück sein. Ich weiß, dass sie mir wenig Tröstliches bringen, indes will ich sie noch anhören, mich dann aber krank stellen und mir noch vor meiner Ankunft in Leipzig den Tod geben. Inzwischen werde ich Ihnen alle meine Geschäfte übertragen, Sie können alle Briefe an mich öffnen, und, sobald Sie die Kunde meines Todes erhalten haben, lassen Sie die Armee meinem Bruder den Eid der Treue leisten. Ich weiß recht wohl, dass nur persönlicher Hass gegen mich ganz Europa, völlig gegen seine Interessen, zu dem jetzigen Benehmen treibt, weswegen ich mich dem Wohl meiner Staaten opfern will. Der Zustand, in dem ich mich befinde, ist länger nicht zu ertragen und schlimmer als der Tod."

Das ist die bereits bekannte königliche Litanei über die Ursachen dieses Krieges. Um zu ermessen, wie kompromisslos und hartgesotten Friedrich denkt, muss man wissen, dass jeder seiner Nachfolger diesen Krieg augenblicklich abbrechen würde, ob nun August Wilhelm, Prinz Heinrich oder ein anderer Berechtigter in der Thronfolge. Auch auf Kosten der Abtretung Schlesiens. Friedrich weiß dieses und traut trotz allem keinem von ihnen.

Die Niederlage bei Kolin scheint Friedrich tiefer getroffen zu haben als seine Umgebung es annimmt, doch muss man bei ihm voraussetzen, dass er sich in seinen Briefen stets dramatischer ausdrückt als er sich fühlt. Zu seinen liebsten und intimsten Adressaten gehört seine Schwester Wilhelmine, geboren 1758 und nach Bayreuth verheiratet. Bei ihr sucht er Trost und Hilfe und unterlässt es nicht, auch ihr mit seinem Tod zu drohen, so in einem Brief vom 17. September 1757:

„...Hätte ich nur meiner Neigung folgen wollen, ich hätte gleich nach der unglücklichen Schlacht, die ich verloren

habe, ein Ende gemacht; doch ich fühlte, das wäre Schwäche, und es sei meine Pflicht, die Scharte wieder auszuwetzen. Meine Hingebung an den Staat erwachte wieder... Kaum aber bin ich hierher geeilt, (nach Erfurt), *neuen Feinden die Stirn zu bieten, da wird Winterfeldt* (General Hans Carl von Winterfeldt) *bei Görlitz geschlagen und getötet; da dringen die Franzosen ins Herz meiner Staaten ein, da blockieren die Schweden Stettin. Was kann ich da noch beginnen? Der Feinde sind es zuviel. Selbst wenn ich so glücklich wäre, zwei Heere zu schlagen, das dritte würde mich vernichten... Das sind, angebetete Schwester, trübselige Betrachtungen, doch schicken sie sich zu meinem Zustand. Wenigstens wird keiner sagen können, ich hätte die Freiheit meines Vaterlandes, die Größe meines Hauses überlebt; mein Tod wird den Beginn der Zwingherrschaft des Hauses Österreich bezeichnen..."*
Wir werden später darauf zurückkommen, wie frohlockend jener Brief klingt, den er nach Roßbach seiner Schwester schickt.

1757 ist das Jahr der großen österreichischen und französischen Prahlereien und Überheblichkeiten. Friedrich bei Kolin zum ersten Mal geschlagen, Ostpreußen russisch, seine Positionen in Sachsen und Schlesien erschüttert, er selbst stark in die Enge getrieben und scheinbar planlos hin und herziehend. Geben wir nun einem jungen preußischen „Kapitain unter Dero Garde zu Fuß", ein Zeit- und Augenzeuge, das Wort, um etwas über die Stimmung der Zeit und die Gefühle der Soldaten vor der Schlacht mitzuteilen:
„Nun also waren sie wieder im Lande, die Franzmänner, um im Verein mit Deutschen einen deutschen König zur Raison zu bringen. Für die eleganten französischen Offiziere war die preußische Armee die Potsdamer Wachtparade, ein Begriff, der nur aus maßloser Überheblichkeit und mangelnder Sachkenntnis entstehen konnte; sie hätten es

wahrlich aus der letzten Vergangenheit besser wissen müssen! Für die preußische Armee waren die Monate vor Roßbach eine Zeit des ewigen Marschierens: von Dresden nach Erfurt, dann über Gotha, Torgau, Leipzig, Weißenfels, Halle und Bedra nach Roßbach. Die vereinigte Reichsarmee schätzten wir zwar nicht so hoch ein wie die Armee Dauns, wir unterschätzten sie aber auch nicht, weil sie nicht nur, wie manche meinten, aus eitlen Glücksrittern, Gepressten und zusammengekarrten Soldaten bestand, sondern auch über ordentliche und reguläre Einheiten verfügte.

Von diesen sympathisierten einige insgeheim mit Preußen. Wie wir hofften und auch bestätigt fanden. Anderen mochte man eingeredet haben, der Marsch nach Potsdam würde ein Spaziergang werden, mit viel Beute unterwegs und vor Ort. Unser König erkannte richtig, dass, wenn er diese schlecht geführte Armee auseinanderjagen würde, eine Kriegswende zwar nicht zu erreichen, aber die Gefahr, die vom Westen her drohte, auf ein vernünftiges Maß zu bringen sei. Diese Reichsarmee durfte sich nicht mit den anderen Armeen unserer Gegner vereinigen, dafür war, aus der Sicht unseres Königs, mit allen Mitteln zu sorgen. ‚Wenn die Reichsarmee einmal zerstreut ist', meinte er, ‚findet sie nie mehr zusammen.' Nun, die Herren Russen und Österreicher ließen uns genügend Zeit, uns ‚in aller Ruhe' der Reichsarmee zuzuwenden.“ So weit dieser zeitgenössische Bericht.

Auch auf dem westlichen Kriegsschauplatz sieht es nicht gut aus, weil vorerst ein fähiger Feldherr für die preußisch-englische Sache nicht in Sicht ist. Und nun die Franzosen mit der Reichsarmee auf dem Vormarsch nach Osten. Bei Friedrichs Gegnern hofft man zuversichtlich, den Krieg in diesem Jahr zu beenden. Friedrich, der sich nach eigenen Worten nicht daran gewöhnen konnte, die Franzosen als seine Feinde zu betrachten, hat hintenherum einen Versöhnungsversuch mit Frankreich gemacht, ist aber abgeblitzt. Ganz richtig hatte er sich über diese französische Fehlentscheidung des Jahrhunderts gewundert, dass Frankreich nämlich in Deutschland für Österreich sozusagen die Kastanien aus dem Feuer holte, anstatt sich seinem Todfeind England jenseits Europas zuzuwenden – diese Folgen zu schildern gehört aber nicht in diese Abhandlung.

Frühere Geschichtsschreiber haben sich darin gefallen, ihren Helden stets unverzagt, optimistisch und vorausschauend darzustellen, mit kleinen Zugeständnissen zwar, aber sie teilten nicht mit, dass Friedrich in allen seinen Kriegen von der Hand in den Mund lebte. Von einer Schlacht zur nächsten hangelte er sich durch, keine brachte die ersehnte Entscheidung – seine Größe liegt wohl darin, sieben Jahre gegen eine Welt von Feinden durchgestanden zu haben.

Generell ist folgendes festzustellen: Der noch immer kleine und schwache, in Europa ungünstig gelegene Staat Preußen war von der Koalition des laufenden Krieges zweifellos in die Knie zu zwingen, zu besiegen und in seine Bestandteile zu zerlegen. So dass nicht viel mehr als das schon bestehende Markgrafentum Brandenburg übrig geblieben wäre: Ostpreußen sollte an Russland gehen, Schlesien natürlich zurück an die Habsburger, die westlichen Besitzungen würde Frankreich schlucken und die Schweden sich an der Ostsee bedienen.

Und andererseits: Würde Preußen in der Lage sein, einen der Koalitionsgegner so zu schwächen, dass seine Existenz bedroht wäre? Da kann man nur mit „Nein“ antworten. Die einzige Chance für den König war, einen der Gegner, vielleicht mehrere, gar alle miteinander so durch sieg- und verlustreiche Schlachten zu ermüden, dass die Koalition zerbrach und alle ihre Begierden nach Ruhm, Ehre und Landgewinn ins Nichts zerflossen. Sicher ist auch, dass Preußen ganz von der europäischen Außenwelt zerniert und damit von jeglichem Nachschub und etwaiger Hilfe abgeschnitten werden konnte. Während es selbst zu solchen strategischen Maßnahmen nicht in der Lage war. Einen Helfer wenigstens hatte Friedrich diplomatisch gewinnen können: England.

Die englische Politik des aufkommenden Imperialismus hatte auf dem europäischen Festland nur einen Feind: Frankreich. Frankreich war aber auch ein Konkurrent auf dem nordamerikanischen Festland, und darum war England daran interessiert, es in einen europäischen Konflikt verwickelt zu sehen. Das hieß dann: Preußen helfen, den Krieg so lange wie möglich durchzustehen und Frankreich ebenso lange mit ihm zu beschäftigen. Man muss den Engländern zugestehen, dass sie Preußen auf dem westlichen Kriegsschauplatz, ein Nebenschauplatz nur, tatkräftig unterstützt haben. So gut, dass Friedrich sich niemals persönlich hinzubegeben brauchte...

Eine Sternstunde

Anekdoten haben, wenn auch selten, einen gewissen Wahrheitswert, doch stets Symbolcharakter – so wohl auch diese:

Friedrich steht mit Seydlitz auf der Oderbrücke zu Frankfurt und fragt ihn in seiner unvermittelten Art:

„Was würde Er tun, wenn der Feind vor und hinter Ihm wäre?“

Dabei wedelt Friedrich mit seinen Armen nach Osten und Westen. Seydlitz ist nicht faul, springt schnurstracks aufs Pferd und mit ihm in die Oder, um ebenso flott ein Ufer zu erreichen. Ob wahr oder nicht wahr – Friedrich hätte die Antwort gefallen und der rasche Entschluss entsprach ganz dem Wesen eines Mannes, der bei Roßbach seine Sternstunde erleben wird.

Friedrich Wilhelm von Seydlitz-Kurzbach, so sein vollständiger Name, wurde am 3. Februar 1721 in Kalkar geboren. Im Preußen Friedrichs, wo rasche Karrieren ungewöhnlich waren und selbst fähige Soldaten die Rangstufenleiter mühsam Schritt für Schritt, Füßchen vor Füßchen erklimmen mussten, stieg Seydlitz so schnell empor, als wäre er ein Prinz königlichen Hauses: 1740 Cornet im Kürassierregiment K5, 1743 Rittmeister beim Husarenregiment H4, 1745 Major, 1752 Oberstleutnant des Dragonerregiments D XII, 1755 Oberst, 1757 während unserer Schlacht Generalmajor – da ist er erst 36 Jahre alt.

Sein Hauptverdienst für Preußen bis hierher war, dass er der Kavallerie, die in der Schlacht von Mollwitz 1741 kläglich versagt hatte, erst einmal richtiges Reiten beibrachte. Das hat sich ausgezahlt wie kaum eine andere Investition in der preußischen Geschichte. Denn Seydlitz hat es geschafft, dass sich die „Naturkraft" schwerer Kavallerie noch einmal gegen die immer dichter werdende Feuerkraft der Infanterie durchsetzen konnte. Kaum ein anderer Heerführer hat soviel Anteil an den Siegen Friedrichs wie Seydlitz. Schon 1745 berichtete General Winterfeldt über ihn an den König:

„Und haben auch gewiss Euer Majestät an dem Rittmeister Seydlitz einen Offizier, der nicht zu verbessern ist."

Es ist eine erwiesene Tatsache, dass es damals vielen Offizieren aller Armeen und Heere aller kriegführenden Staaten an gründlicher militärischer Ausbildung mangelte – wo sollten sie eine solche auch genossen haben! Sie stammten durchweg als Zweit- und Drittsöhne aus adeligen reichen und armen Familien, hatten knapp lesen, schreiben und rechnen gelernt und sich auch noch, statt ausgebildet zu werden, in die Truppen ihrer Majestäten einzukaufen. So erhielten sie Kompanien, Bataillone und Regimenter zugeteilt, deren gemeine Soldaten meist schon einige Schlachten und Feldzüge mitgemacht hatten.

Seydlitz gehörte allerdings zu den wenigen Offizieren, die von sich aus eine Lage beurteilen, einschätzen und entscheiden konnten. Und obwohl er schon in einigen Schlachten mitgewirkt hatte, war er bis November 1757 sowohl in der Armee als auch in Deutschland gänzlich unbekannt. Aber seine Gegner kannten ihn bereits, denn als am 16. Oktober 1757 der kaiserliche Räubergeneral Hadik Berlin heimsuchte, genügte die Meldung, „Seydlitz naht mit seinem Regiment", um den Plünderer zu veranlassen, sofort den Rückzug aus Berlin anzutreten. Zu seinem Vorleser Henri de Catt sagte Friedrich einmal beiläufig:
„Er ist der einzige, den ich bisher gesehen habe, der seine Kavallerie ganz in der Gewalt hat, dazu geschaffen, jederzeit helfend einzuspringen."
Wenn es um Verteilung von Orden ging, ließ Friedrich sich nicht lumpen: Am 20. Juni 1757 erhielt Seydlitz den Orden „Pour le Mérite". Und mit der Schlacht von Roßbach stieg seine Karricrc auf dcn Höhepunkt zu, dem weitere folgen sollten – doch sie gehören hier nicht zu unserem Thema. Aber es wird von Nutzen sein, hier, ehe wir die Taten dieses Mannes schildern müssen, zu erfahren, wie seine Zeitgenossen über ihn dachten. Zum Beispiel Johann Elieser Theodor Wiltsch, Pastor von Reichardtswerben:
„Urtheilsfähige Männer nennen den General den größten unter allen Reiter-Anführern, den die Welt kennen gelernt hat. Denn kein anderer vereinigte wie er im höchsten Grade alle Eigenschaften eines Cavallerie-Generals, er war in allen unübertrefflich. Diese Eigenschaften gaben sich schon in seiner hervorstrahlenden Ritterlichkeit kund. Mit Rechte galt er in Rücksicht hierauf für den Ersten seiner Zeit, so wie er zugleich der schönste Reiter seiner Zeit war. Er und sein Pferd schienen wirklich zusammengewachsen, schienen nur ein Wesen auszumachen."
Er war sehr selbständig im Denken und Handeln und geriet deswegen mit seinem König auch schon einmal in Streit,

so dass Friedrich verlauten ließ, „er werde es nach der Schlacht mit seinem Kopf zu verantworten haben“. Seydlitz anwortete:

„Sagen Sie dem König, nach der Schlacht steht ihm mein Kopf zu Befehl, in der Schlacht möge er mir aber noch erlauben, dass ich davon für seinen Dienst guten Gebrauch mache.“

Marschjahr 1757

Geht man einmal gründlich den Ursachen nach, warum denn Friedrich und seine Soldaten den Siebenjährigen Krieg gegen eine überaus erdrückende Übermacht bestanden haben, so stößt man unweigerlich auf einen wichtigen Punkt: Es waren seine und ihre Marsch- und Reiseleistungen! Analog dazu kann man also behaupten, dass die Gegner Preußens den Krieg nicht gewinnen konnten, weil sie zu wenig, träge, unentschlossen und langsam marschiert sind.

Wir haben schon erwähnt, dass Friedrichs Gegner im Jahr 1757 endlich tabula rasa machen und den Krieg beenden wollten. Solch eine optimistische Vorstellung hegte freilich auch Preußens König, denn alle Kontrahenten wussten tatsächlich wenig voneinander und hohe Militärs irren sich bis in unsere Tage hinein häufig oder gar jedesmal, wenn sie ihrer eigenen Kraft zu sehr vertrauen und die des Gegners geringschätzen. 1757 sollte also auch nach Friedrichs Einschätzung der allgemeinen Lage das letzte Kriegsjahr sein – aber stattdessen wurde marschiert und nochmals marschiert wie es vorher auch antike Armeen nicht vollbracht hatten. (Wir haben eine Tabelle aufgelistet, die vom 28. Januar 1757 bis zum 10. November 1757 reicht und zeigt, welche Orte Friedrich und seine Soldaten „besucht“ haben; sie ist am Ende des Buches abgedruckt.)

Viele dieser Stadt- und Dorfbesuche hat Friedrich ohne seine Armee allein unternommen, sie musste oftmals zurückbleiben und konnte nicht jenes Tempo durchhalten, das Friedrich mit seinen Offizieren und Adjutanten vorlegte. Im Januar 1757 war Friedrich noch einmal in Berlin und Potsdam – um dann erst 1763 wieder zurückzukehren.

Namen von Kleinstädten, Dörfern und Kaffs, die kaum noch jemand kennt und nennt und auch Friedrich unbekannt sind, werden hoch zu Ross oder per rumpelnder Kutsche durchritten oder durchfahren und wenig zur Kenntnis genommen. Nur wo Friedrich mit Begleitung übernachtet, in möglichst angenehmen Quartieren in Schlössern, Gutshöfen oder Gasthäusern, wird er manchmal erkannt, untertänig begrüßt, jubelnd empfangen oder nur dienstlich zur Kenntnis genommen. Naturlich satteln sofort Spione und kaiserliche Beauftragte ihre Pferde, um Friedrichs Ankunft „hinten“ zu melden. Die Soldaten werden nach Möglichkcit auf Bauernhöfen untergebracht und dort gut gegen Bares verköstigt, damit sie sich bis zur nächsten „Bataille“ ausruhen können. Die Raub- und Plünderungszeiten des Dreißigjährigen Krieges sind im Großen und Ganzen vorüber, so dass zum Beispiel Landwirte, deren Felder und Ernten in einer Schlacht beschädigt oder vernichtet wurden, mit Schadenersatz gute Geschäfte machten und als Zugabe die Gefallenen ausplündern durften, sie freilich auch auf ihren Äckern und Schlägen dann bestatten mussten. Zeitgenossen berichten übereinstimmend, dass ein solch „beschickter“ Acker jahrelang bessere Ernten einbrachte als ein normaler, „ungedüngter“.

Wer unter uns heutigen Zeitgenossen noch die Landstraßen und Wege bis 1960 kennengelernt hat, darf sich rühmen, eine annähernde Vorstellung der Wegeverhältnisse Mitteleuropas im 18. Jahrhundert zu besitzen. Spötter spotteten, „Italia zu Altrömers Zeiten verfügte über ein besseres Verkehrsnetz“. Alle die in der Liste genannten

Ortschaften verbindenden Straßen und Wege waren unbefestigte, sozusagen natürliche von seit Urzeiten wandernden und ziehenden Menschen und Herden ausgetretene und von Holzkarren und Pferde- und Ochsenhufen fest- und tiefgetretene Spuren und Fährten. Im Sommer Sand-, in den anderen Jahreszeiten Schlamm- oder Eispisten, eine Qual für Zug- und Reitpferde und natürlich auch für Infanteristen.

Preußische Fußtruppen schleppten mit: 50 Schuss Munition fürs Gewehr, das Gewehr, zehn Pfund Brot, Decken, Kochgeschirr, Feldflasche, Handwerkszeug wie Spaten, Hacke, Beil und den berühmten Tornister. In diesem befanden sich, laut der Tagebucheintragung vom 23. August 1756 eines Mitmarschierers von Scheelen des Infanterieregiments 15 I: Messer, Gabel und Löffel, Schuhe und Kleiderbürste, Puderbeutel und Kamm, Strümpfe, Fußlappen und Feldmütze, je zwei Paar Unterhemden, Koller, Vorärmel und Hosen, Aderlassbinde und Salz. Vom Grenadier Ulrich Bräker haben wir es schriftlich:

„Jeder war bebündelt wie ein Esel, erst mit einem Degengurt umschnallt, dann die Patronentasche über die Schulter mit einem fünf Zoll langen Riemen; über die andere Achsel der Tornister, mit Wäsche und so weiter bepackt; item der Habersack mit Brot und anderer Fourage gestopft. Hiernächst musste jeder noch ein stück Feldgerät tragen; Flasche, Kessel, Haken oder so was, alles an Riemen; dann erst noch eine Flinte, auch an einem solchen: So waren wir alle fünfmal kreuzweis über die Brust geschlossen, dass anfangs jeder glaubte, unter solcher Last ersticken zu müssen."

Die Wege waren im allgemeinen breiter als in späteren Zeiten, so dass in voller oder halber Zugbreite von 25 oder 12 Mann gegangen werden konnte. Vor Brücken und anderen Engstellen gab es Staus und andere Aufenthalte, wo die

Soldaten verschnaufen konnten. Hatten sie so ihre 25 Kilometer pro Tag geschafft, waren sie vollkommen erledigt, mampften ihr Abendbrot und schliefen in ihren Quartieren, Zelten oder auch unter freiem Himmel ein, ohne das Problem der Schlaflosigkeit überhaupt dem Namen nach zu kennen. Im Prinzip marschierte die preußische Armee nicht anders als andere Armeen Europas, aber es wurde mehr auf Disziplin und Zusammenhalt geachtet – wir werden diesen Unterschied zur Preußens Kontrahenten noch näher kennenlernen.

Hier ein paar Beispiele über die Marschfähigkeit damaliger Soldaten. Um sich in Leipzig zu treffen, marschierten die Truppen des Marschalls Fürst Moritz von Dessau von Berlin am 22. Oktober bis Leipzig am 27. Oktober 23 Meilen in sechs Tagen, (1 Meile cirka 7,5 Kilometer); Herzog Ferdinand von Braunschweig brach am 24. Oktober von Magdeburg auf und erreichte Leipzig am 27., das waren 15 Meilen in vicr Tagcn. Nach solchen Anstrengungen brauchten Menschen und Tiere Ruhe und gute Ernährung. Ein gut ausgeruhter und ernährter Soldat verlor weder Mut noch Humor, wusste er doch, dass es ihm besser ging als vielen seiner Standesgenossen in Preußen und im Reich. Davon zeugt, ein Beispiel nur, dieses „Fliegende Blatt aus dem gegenwärtigen Krieg“:

„Wir preußisch Husaren, wann kriegen wir Geld?
Wir müssen marschieren ins weite Feld,
wir müssen marschieren dem Feind entgegen,
damit wir ihm heute den Pass noch verlegen.
Wir haben ein Bräutlein uns auserwählt,
das lebet und schwebet im weiten Feld,
das Bräutlein wird die Standarte genannt
und ist uns Husaren sehr wohl bekannt.
Wer sich in preußischen Dienst will begeben,
der muss sich sein Lebtag kein Weibchen nicht nehmen.
Er muss sich nicht fürchten vor Hagel und Wind

beständig verbleiben und bleiben geschwind.“

Nach den Schilderungen preußischer Märsche müssen wir uns auch noch auf diejenigen der Gegner konzentrieren; gemeint ist noch nicht der Aufmarsch zur Schlacht, über den wir in einem separaten Kapitel berichten werden. Wir haben oben davon geschrieben, dass die Gräuel früherer Kriege, zum Beispiel des von 1618 bis 1648, im Großen und Ganzen der Vergangenheit angehören würden. Diese Angaben bezogen sich aber vorrangig auf die Truppen Österreichs, Preußens und Russlands. Ihre Führer waren nicht daran interessiert, das von ihnen okkupierte Land, das sie ja im Fall eines Sieges zu behalten gedachten, auszuplündern und zu „verheeren“ – dieser Begriff sagt ja alles über den Ursprung des Wortes!

Einzig eine Ausnahme, die wir schon angedeutet haben, gab es: das Verhalten der Franzosen. Der deutschen Bevölkerung jener Zeit klingelte es noch in den Ohren, was die Franzosen im 30-jährigen Krieg und danach unter Ludwig XIV. in der Rheingegend angerichtet hatten – wir wollen diese Übeltaten hier nicht noch einmal hervorkehren. Aber sie wiederholen sich im Vorfeld unserer Schlacht. Wir geben dem Autor der „Geschichte des Siebenjährigen Krieges“, Johann Wilhelm von Archenholtz, das Wort:

„...Unterdessen hausten die Franzosen in den Thüringer Ländern, deren Fürsten meist mit ihnen verbündet waren, wie in Feindesland. Furage, Proviant, üppige Mahlzeiten für die Soldaten und Geld für die Befehlshaber erpressten sie mit Gewalt und drohten im Falle von Weigerungen Städte und Dörfer zu verheeren. Das aber geschah ohnehin. Ganze Gegenden wurden rein ausgeplündert. Unter anderem hatten die in der Nähe von von Freyburg liegenden Dörfer Branderode, Balgstädt, Zschleiplitz, Gröst, Zeuchfeld und andere, zwanzig an der Zahl, dies harte Schicksal. Im ersten Dorfe wurde das Schloss eines Edelmannes namens Bose auf Kasakenart verwüstet. Die kostbaren Möbel, die zu schwer waren fortzubringen, wurden zerhauen, zerschnitten, die Weinfässer zerschlagen und die Dokumente und Briefschaften aus Bosheit in Stücke zerrissen.

Auch die Kirchen blieben nicht verschont. Man zertrümmerte Altäre, Kirchstühle und Kanzeln und schändete die metallenen Kelche, die für die Räuber keinen Wert hatten, durch die unflätigsten Handlungen. Bei vielen Dörfern sah man Bäume und Felder mit den Federn der zerschnitteten Betten bedeckt. Da die Franzosen nicht alles noch lebende Vieh essen oder mit sich schleppen konnten, so hieben sie diese Tiere lebendig in Stücke und ließen sie als Beute für die Raubvögel liegen. Bei Verübung dieser Greuel zeichneten sich am meisten die französischen Regimenter Piemont, Beauvoisis und die in französischen Sold genommenen Fremdenregimenter, das irische Fitz-James und das deutsche Royal-Deux-Pont, ja selbst einige Schweizer-Regimenter aus."

Das alles waren übelste Landsknechtsmanieren, die man in Europa als längst ausgestorben ansehen konnte.

Die Armeen und ihre Führer

Über König Friedrich als „ranghöchsten" aller an der Schlacht Beteiligten brauchen wir hier nicht viel Worte zu verlieren. Er besaß den Vorteil, nicht buckeln zu müssen wie seine Kollegen und konnte sich alle Anfragen „zu Hause" ersparen. Als seine größten Kritiker stellten sich allerdings seine Brüder heraus. Sie waren zwar tüchtig und pflichtbewusst, darüber kann es keinen Zweifel geben, aber mit dem ganzen Tun Friedrichs seit seinem Überfall auf Schlesien 1740 waren sie nicht einverstanden gewesen und erst recht nicht mit der Eröffnung neuer Feindseligkeiten 1756 und eines Krieges, der jeden bisher bekannten Rahmen sprengen würde und am Ende die Existenz Preußens in Frage stellen könnte. Der älteste Bruder August Wilhelm, geboren 1723, war als „Prinz von Preußen“ deklariert worden, was soviel bedeutete, dass er Thronfolger und „Kronprinz“ sei – ein Amt, das er von seiner Veranlagung her nicht anstrebte und auch wohl nicht, - so seine eigene Meinung -, erfolgreich ausfüllen würde. (Dass nicht er Thronfolger wurde, sondern sein Sohn, sei nur angemerkt, gehört aber nicht zu unserer Abhandlung hier.)

Bruder Heinrich, geboren 1726, war aus anderem Holz geschnitzt. Dass zwischen königlichen Brüdern stets so etwas wie Wettbewerb und Konkurrenzdenken schwebt, ist zu der Zeit selbstverständlich. Friedrich erkennt früh den besonderen militärischen Charakter des Bruders, behandelt ihn streng, schlägt ihm den Wunsch nach einer ausländischen soldatischen Laufbahn ab, verheiratet ihn mit einer Dame aus dem Haus Hessen-Kassel und nimmt den Kinderlosen ab 1756 sofort mit ins Feld. Dort zeigt Heinrich Organisationstalent und Furchtlosigkeit – genau das Richtige, um gegen einen eigensinnigen Bruder bestehen zu können. Lassen wir einen Zeitgenossen zu Wort kommen, der ihn eine Zeitlang begleitet und auch Bruder Ferdinand, geboren 1730, kennengelernt hat:

„Prinz Heinrich war ein schwieriger Charakter, verschlossen und leichtsinnig zugleich wie viele preußische Prinzen, und ihn plagte ein unausgefülltes Leben an der Seite des großen Bruders, der ihn fuchtelte und kommandierte. Da kam der Krieg gerade recht, in dem seine organisatorische und militärische Begabung sich zeigen konnte. Im Mai 1757, in der Schlacht bei Prag, hat er sich zur Zufriedenheit Friedrichs bewährt und persönlichen Mut bewiesen. Bruder Ferdinand, als letztes Kind der Sophie Dorothea geboren, scheint die Unauffälligkeit mit in die Wiege gelegt worden zu sein, aber auch ihm hilft der Krieg zur Profilierung, er wird ein unerschrockener Soldat und bewährte sich ebenfalls in der Schlacht von Prag. Vielleicht hätte er im laufenden Krieg einiges ausrichten können, aber schon

1758 wird er wegen Krankheit den Dienst unter seinem königlichen Bruder quittieren müssen. Heinrich und Ferdinand – beide sind bei Roßbach wacker dabei."

Von Friedrichs Generalen haben wir den berühmtesten der Schlacht schon vorgestellt: Seydlitz. Ein neuer Name bekommt mit und nach Roßbach große Bedeutung: Herzog Ferdinand von Braunschweig, 1721 geboren, Welfe und Schwager Friedrichs. Ferdinand ist wie der König ein fähiger Erkenner und Ausnutzer der Schwächen und Fehler seiner Feinde und leistet bei Roßbach wertvolle Dienste. Nach der Schlacht wird er zum westlichen Kriegsschauplatz abgehen und mit englischer Hilfe dort die Franzosen in Schach halten.

Der einzige preußische Feldmarschall bei Roßbach ist Jacob Keith, Schotte, militärischer Abenteurer und Ritter des preußischen Ordens vom Schwarzen Adler und des russischen Alexander-Newsky-Ordens. 1730 war er Generalmajor in Russland, 1734 Generalleutnant, 1737 kämpfte er gegen die Türken, 1741 und 1742 gegen die Schweden. 1747 trat er in Friedrichs Dienste und wurde sogleich Gouverneur von Berlin. Jetzt, in Preußens Schicksalskrieg, kann er seine Fähigkeiten unter Beweis stellen; ein Jahr noch wird er Gelegenheit dazu haben...

Dass Moritz von Anhalt-Dessau, geboren 1712, Soldat in preußischen Diensten wurde, war wohl unvermeidlich: Schließlich ist er ein Sohn des „Alten Dessauers", ein Urgestein noch von Friedrich Wilhelm I. her und war schon mit sechs Jahren Chef einer so genannten Jungburschen-Kompanie. Leider wird auch er den laufenden Krieg nicht überleben. 1725 trat er ins preußische Heer ein und machte dort ziemlich rasch Karriere. 1745, nach Beendigung des Zweiten Schlesischen Krieges, wurde er von Friedrich mit der Kolonisation der Landstriche an der Oder und in Pommern beauftragt, gründete 1751 das auf seinem Namen lautende Moritzfelde und wurde 1752 Gouverneur von Küstrin. Damit, weil kein weiterer Krieg in Aussicht war, schien seine Karriere beendet zu sein.

Mit ihm und Friedrich stießen zwei eigene Köpfe, landläufig auch Dickköpfe genannt, aneinander, was zur „halben“ aber gefährlichen Befehlsverweigerung führte. Friedrich wurde bekanntlich nicht nur **nach** der Schlacht von Kolin kritisiert, sondern auch schon **vor** ihr und **während** ihres Verlaufs. Friedrich befahl einen Rechtsschwenk, Moritz weigerte sich. Da soll Friedrich den Degen gezogen und auf ihn zugegangen sein:

„Bei allen Teufeln, Prinz Moritz, machen Sie Front, wenn ich es befehle!“

„Mit trauriger Stimme“ soll der Prinz gehorcht und dieser von Friedrich angeordnete Schwenk soll die Niederlage von Kolin eingeleitet haben.

Im Aufgebot der französischen und Reichsarmee finden wir in der Führungsschicht Namen edlen europäischen Hochadels. Es war ja nicht so, dass nur in Preußen der Adel ins Militär drängte, denn überall in Europa galten Offiziers- und Generalstellen als eine gute, hochgradige Versorgung und Reputation. Und wenn dann endlich hier und da ein Krieg ausbrach, galt es, die Gelegenheit zu ergreifen, den eigenen Namen der geschriebenen Geschichte zu überliefern.

Für den obersten Chef der in Deutschland operierenden französischen Truppen gab es in dieser Beziehung keine Probleme. Denn sein Onkel war unter dem schreckenerregenden Ludwig XIV. bereits in die Geschichte eingegangen: Louis François Armand du Plessis, Herzog von Richelieu. Sein Lebenslauf ist ein gigantischer Steckbrief einer Epoche, die sich auf Kosten unmündig gehaltener Mehrheiten ernährte und finanzierte. Selbst das „Generalstabswerk“ über Friedrichs Kriege, (kurz GStW), sonst durchaus

nüchtern und sachlich berichtend,, ereifert sich, wenn es Richelieu beschreibt:
„Alle Tugenden und Laster der Modefiguren der Rokokozeit waren in seiner Person vereinigt: vernachlässigte Erziehung, geringe Bildung aber höfische Gewandtheit und beißender Witz. Seine verschwenderische Lebensweise verschlang ungeheure Summen, die er sich durch rücksichtslose Erpressungen in den von ihm verwalteten Provinzen und vor allem in den besetzten feindlichen Gebieten verschaffte. Das prächtige Palais, das er sich nach seiner Rückkehr 1758 in Paris erbaute, nannte der Volkswitz ‚Le pavillon de Hanovre'." Durch seine Räubereien in Deutschland erwarb er sich den Spitznamen „Petit Père de la Maraude".

1696 in Paris geboren, geriet Richelieu früh in den Trubel des Hofes Ludwig XIV. und damit auf die schiefe Bahn. Diese führte ihn alsbald in Liebesabenteuer, allerlei Ränke und in die Bastille. Seine militärische Laufbahn begann 1729. Nachdem er Gesandter in Wien geworden war, kämpfte er im polnischen und österreichischem Erbfolgekrieg mit. 1738 wird er Generalleutnant, aber vorerst nicht auf dem Feld der Ehre, sondern bei sexuellen Abenteuern des neuen Königs Ludwig XV. eingesetzt. Endlich wieder ein Krieg: 1745 ist Frankreich mit Preußen verbündet, in der Schlacht von Fontenoy zeichnet sich Richelieu aus. 1748 ist er in Genua dabei, was ihm die Marschallswürde einbrachte. 1756 nimmt er den Engländern Minorka weg. Aber seine Tapferkeit und Fähigkeiten werden überschattet vom schlechten Ruf, aber dafür ist er für die intrigante Madame Pompadour der richtige Mann für den Feldzug gegen Preußen in Deutschland. (Madame Pompadour soll Friedrich grollen, weil er sich über sie negativ geäußert hatte.)

Liest man die Vitä von Männern dieser Art im Zusammenhang mit unserem Thema, muss man sich folgendes vergegenwärtigen: Zwar lechzten sie nach Ruhm und waren durchaus bereit, im Kampf ihr Bestes zu geben, aber dieses „Beste“ war eben nicht gut genug. Denn sie standen nicht unter der Fuchtel eines preußischen Königs und Feldherrn, der seine Offiziere und Generale zum militärischen Büffeln zwang und ihnen eigenhändig geschriebene Instruktionen auf den Schreibtisch knallte. Und noch eins: Wer bei Friedrich versagte, war erledigt, wer es bei Maria Theresia, Ludwig oder der Pompadour tat, konnte in Pfründe, weiche Betten und bequeme Sofas zurückkehren.

Aus Friedrichs meist sehr sarkastischer Sicht war der verantwortliche französische Befehlshaber bei Roßbach der richtige Mann: Charles de Rohan, Prinz von Soubise, geboren 1715, Pair und Marschall von Frankreich. Mit 25 Jahren, 1740, ist er Brigadier, schon 1748 Generalleutnant, 1751 Gouverneur von Flandern und dem Hennegau.
„Seine Stellung verdankte er seiner Freundschaft mit Ludwig XV. und der Pompadour“, schreibt das GStW, „nur als Hofmann begabt, war er doch persönlich tapfer und im Gegensatz zum Herzog Richelieu uneigennützig, letztlich aber unentschlossen und durch Misserfolge zaghaft geworden.“
Was Friedrich niemals zugelassen hatte, nämlich dass seine Generale sich wie Hähne im Hühnerhof behackt hätten, war bei der „combinierten Armee“ normal und allgemein üblich. Ende Oktober schrieb Hildburghausen über Soubise an den Kaiser in Wien:
„Er getraut sich nicht, die allergeringste Kleinigkeit ohne Consultierung, ja ich dürfte sicher sagen, ohne Erlaubnis seiner unterhabenden Generale und noch geringerer Leute zu unternehmen. Ich selbst mit Bretlach und dem Prinzen von Hessen bin letzthin von ungefähr dazu gekommen,

dass ein solcher freier Kriegsrath oder besser zu sagen Sinagoge gehalten wurde. Da waren nicht allein Generale, sondern der ganze kleine Generalstab, ja Secretarien und Gott weiß, was für Leute dabei. Einige hatten in présence ihres Chefs die Hüte auf dem Kopf. Ein jeder decidirte en grand Capitaine, außer derjenige, der hätte decidiren (entscheiden) sollen. Mit einem Wort es war eine rechte Judenschule, und so geht es alle Tage, mithin wird niemals das, was ich an Hand gebe, exequirt (ausgeführt), oder wann es auch geschieht, so geschieht es nicht zur rechten Zeit, viel weniger in der behörigen Vollkommenheit."

Der ersten Klage folgte die zweite am 3. November, also kurz vor der Schlacht:

„Ich wiederhole abermals, dass Soubise der liebste Mann von der Welt ist und es mir recht widerstrebt, wenn ich etwas zu seiner desavantage (Nachteil) sagen muss. Allein Dero Dienst und meine Ehre erfordert es, Euer Kaiserlichen Majestät die wahre Beschaffenheit der Sachen vor Augen zu legen, folglich bin gezwungen, in Unterthänigkeit beyzubringen, dass es bey seiner Armee nicht die mindeste Authorität sich zu geben weiß und dahero dann auch alle die oftberichtete enorme Exzessen entstehen, die dann nunmehro so weit gehen, dass einem die Haut schaudert nur davon zu reden, und wahrhafftig Gott ohnmöglich zu denen Kriegsoperationen solch unchristlichen und ruchlosen Volks seinen Segen geben könne."

(Gut gesehen und geschrieben von diesem Feldmarschall, aber laut den Bemühungen des Heiligen Stuhls konnte Gott Friedrich ebenfalls nicht den Segen geben!)

In der „Galerie des Aristocrates militaires" wird Soubise eindeutig beschrieben:

„Der Prinz von Soubise ist der Schwiegervater des Prinzen von Condé, Freund des Königs und der reichste Herr in Frankreich. Er ist großmütig und hat mehere bürgerliche

Tugenden, die seiner Geburt Ehre machen. Als Befehlshaber ist er tapfer, unermüdet, uneigennützig, genau in der Disziplin, aber unwissend und für sich eingenommen. Seine Pläne greifen weit aus, aber sie sind nicht hinreichend durchdacht."
Die Niederlage macht Soubise zur Spottfigur Deutschlands, was nicht ganz gerechtfertigt erscheint. Zudem legte die französische Regierung ihm Zügel an und war offenbar an einer militärischen Entscheidung, die durch eine Schlacht ja meist anliegt, nicht sonderlich interessiert. Frankreichs Interesse lag darin, „die Suppe am Kochen zu halten", solange wie möglich, und statt eine Schlacht gegen den König von Preußen zu riskieren, die Truppen kreuz und quer durch das „Heilige Römische Reich deutscher Nation" marschieren und marodieren zu lassen. Das würde die Deutschen mehr schwächen als ein fragwürdiger Sieg gegen einen ihrer Potentaten. So bekam Soubise seine Anordnung aus Paris:
„Der König (Ludwig XV.) ist überzeugt, dass Sie zuviel auf Ihren Ruhm geben, um ohne Not sich dem zweifelhaften Ausgang einer Schlacht auszusetzen."
Um solch einen Ratschlag für uns Heutige verständlich zu machen, muss man wissen, dass ein Heer wie das nun anstehende französische aus angeworbenen und zu bezahlenden Soldaten bestand, die zu kostbar und teuer waren, sie ungewissen Kämpfen und Risiken auszusetzen – militärische Bewegungen und Märsche sollten immer mehr Drohungen sein und nur in Schlachten münden, die man gewiss und sicher gewinnen würde.

Gibt es einen Gegenbegriff zu „Sternstunde"? Wenn ja, ist er auf Prinz Josef Maria Friedrich Wilhelm von Sachsen-Hildburghausen anzuwenden. Dieser kommende Gegenspieler Friedrichs wurde 1702 geboren, trat 16 Jahre später ins kaiserliche Heer ein und war beim Kaiser und dem

Prinzen Eugen wohlgelitten. 1739 wurde er Reichsfeldzeugmeister, 1741 dann kaiserlich-königlicher Feldmarschall. Er erwarb sich Verdienste um die militärischen Einrichtungen in Ungarn, zog sich aber 1749 ins Privatleben zurück. Seine Sternstunde, die freilich keine werden sollte, bahnte sich 1757 an, als Franz I. ihm aufgrund seiner Erfahrungen und Tatkraft das Kommando über die „Combinierte Reichsarmee" übertrug, womit er nicht nur Vorgesetzter Soubises wurde, sondern auch an seinen Meister geriet: dieser heißt Friedrich II. von Preußen!

Wir wiederholen noch einmal zur Erinnerung: Friedrich war sein eigener Alleinherrscher und nur dem Staat verantwortlich. Prinz Hildburghausen dagegen führte eine Koalition und wurde gegängelt, so in einer „Instruktion vom 8. Juni 1757":
„...Und da Wir ausser den Reichs-Generalen beeder Relligionen noch mehrere Unsere Kaiserliche Generalen anstellen werden; als wird Er, Unser Commandirender General in wichtigen Sachen, sonderlich auf den feind marschiren, sich an den Feind logiren (marschieren), Schlachten zu liefern, stürmen, einen belagerten Ort entsetzen, einen Ort besetzen, einer belagerten Stadt Übergebungs-Conditiones zu machen..."
(Diese bürokratischen Formulierungen kann man heutzutage kaum noch gedanklich aufnehmen). Eine Bürokratie halt, die bei den Preußen gar nicht notwendig war. Hildburghausen ist also „Generalissimus des Heiligen Römischen Reiches Deutscher Nation", heute würde man diesen Posten „Schleudersitz" nennen, und er forderte vom Inhaber gewisss die letzten Nerven, so dass er nach Wien klagte:
„Was für eine Commission es sey, eine Reichsarmee zu kommandieren? Dieses weiß keiner, als der es probiert hat. Und bei dieser mich ohnehin fast niederdrückenden Last

noch jene französischen Hilfsvölker auf dem Hals zu haben, da gehört, so wahr Gott lebt, ein Colossus dazu und seind meine Schultern viel zu schwach. Ich muss aufrichtig bekennen, dass ich mir die Gelegenheit wünschen möchte, gegen alle diese französische Cavallerie nur sechs Eskadronen (Schwadronen) wie die Preußen seyn, anführen zu können, und wenn ich sie nicht den halben Weg bis Paris jagen thäte, wollte ich mich wie einen Fuchs prellen lassen."
Hildburghausens echte Sympathien für die preußische Armee waren offenkundig, er stand damit in einer langen Reihe europäischer Militärs seiner Zeit. Schon seit Jahren wurde Friedrich von zahlreichen Bewerbungen „ausländischer" Offiziere und Generale angegangen – nicht alle konnten seinen strengen Anforderungen standhalten.

Als vorletzten Widersacher Friedrichs in der Schlacht von Roßbach müssen wir noch Victor-François de Broglie vorstellen, obwohl seine Bedeutung hier nicht überragend ist. Er wurde 1718 geboren, starb 1804 und wurde in der Lamberti-Kirche zu Münster beigesetzt. Er kämpfte unter seinem Vater 1734 in Italien sowie im österreichischen Erbfolgekrieg in Böhmen, Bayern, am Rhein und stieg zum Feldmarschall auf. Bevor er bei Roßbach in Erscheinung trat, kämpfte er in der Schlacht bei Hastenbeck und ist nun auch in Roßbach dabei.

Als letzten der Generale, die bei Roßbach gegen Preußen kämpften, nennen wir nun Gideon Ernst Freiherr von Loudon, (auch Laudon geschrieben), weil er für den weiteren Verlauf des Siebenjährigen Krieges von Bedeutung sein wird. Geboren 1717 in Laudohn war er so etwas wie ein heimatloser Bummler durch Europa. Das war damals nicht unehrenhaft für Leute auf der Suche nach angemessener Beschäftigung. Aus Livland stammend kämpfte er in russischen Diensten, im Polnischen Erbfolgekrieg und 1739 gegen die Türken. Dann bewarb er sich um Aufnahme in die preußische Armee. Friedrich lehnte jedoch sein Eintrittsgesuch ab, so dass Laudon 1742 in österreichische Dienste trat. Aber das Glück war ihm noch nicht hold. Er musste als Hauptmann in einem kroatischem Freikorps beginnen und wurde 1744 schwer verwundet. Er bekam wegen angeblichen Ungehorsams Ärger mit den Behörden, erhielt aber dennoch einen Posten als Major. Er heiratete und trat, weil er als Protestant in Österreich nur noch mehr Schwierigkeiten erwarten konnte, zum Katholizismus über. Aber was ist ein solcher Mann ohne Krieg! Beim Ausbruch des Siebenjährigen bemühte er sich um Einsatz, wurde aber vom Grafen Neipperg erneut abgewiesen. Bis sich Kanzler Kaunitz für ihn verwendete und er als Oberstleutnant nach Böhmen geschickt wurde, allerdings wieder unter die Kroaten geriet. 1757 ist er Oberst geworden, dann gleich Generalmajor und Spezialist für kriegerische Tätigkeiten im Rücken der preußischen Armee – er brachte sozusagen frischen Wind in die österreichische Kriegführung.

Nun haben wir die beiden sich gegenüberstehenden Armeen zu betrachten. Dabei werden wir den Eindruck gewinnen, als klafften Welten zwischen ihnen. Auf der einen Seite die mit bestmöglicher Disziplin zusammengehaltene zentral geführte preußische Armee, auf der anderen ein mehr oder weniger loser Haufen voller eigener Interessen, nicht ums Überleben kämpfend und in den Händen stark rivalisierender Anführer.

Den Ausgang einer etwaigen Schlacht hätte Friedrich mit Ruhe und Gelassenheit absehen und abwarten können, das war für ihn gar nicht zweifelhaft, wenn da nicht dieses ganz und gar gefährliche Kräfteverhältnis gewesen wäre: 22.000 Preußen gegen 30.000 Reichsvölker und Franzosen! So bestand für Friedrich kein Grund für seinen oft fatalen Übermut. Aus seinen von allen Seiten bedrohten Ländern kratzte er inzwischen zusammen, was er kriegen konnte. Ständig trafen neue Rekruten ein, ebenso beständig gingen viele ab: Durch Desertionen, Krankheiten, überforderte Marschleistungen, miserable Herbst- und Winterwitterung und „ich hab keine Lust mehr, meine Knochen hinzuhalten“.

Noch immer bestand Friedrichs Armee zum erheblichen Teil aus gepressten und unseriös angeworbenen Soldaten, wovon viele nichts anderes im Sinn hatten, als bei der nächstbesten Gelegenheit zu türmen. Das war schwieriger, als wir es uns heute vorstellen können. Denn sowohl auf Märschen, die eigentlich günstige Möglichkeiten zu einer Flucht bieten, als auch in den Lagern wurden die Truppen streng bewacht und die Strafen für die ertappten Deserteure waren „nicht von Pappe“, wie man damals sagte. Damals auch behauptete ein Sprichwort:

„Alles Weltregiment, muss man wissen,
vom Stock hat ausgehen müssen.“

Ein preußisches Reglement besagte:
„Opponiert sich ein Gemeiner gegen einen Offizier, so muss gleich Kriegsrecht gehalten und der Gemeine arkebusieret werden; gegen einen Unteroffizier, so muss er zu zwanzigmal Spießrutenlaufen verurteilt werden.“
„Arkebusieren“, von der Arkebuse hergeleitet, bedeutete Erschießen. Die Arkebuse war ein frühes Hakengewehr. „Spießrutenlaufen?“ Ein Internet-Lexikon erklärt:
„Spießrutenlaufen bezeichnet eine militärische Leibesstrafe, die bis ins 19. Jahrhundert wegen mehr oder weniger schwerer Vergehen durch Kriegs- und Standgerichte über einfache Soldaten verhängt wurde.“
Und so wurde es durchgeführt. Etwa zweihundert Kameraden des Delinquenten bilden eine Gasse zum Durchlaufen. Sie haben mit Weidenruten auf den entblößten Rücken des Verurteilten einzuschlagen, wenn er laufend und rennend

in ihre Reichweite kommt. Sichdrücken durch milde Schläge gibt es nicht, denn die Offiziere passen auf und ehe man selbst drankommt, schlägt man lieber vorschriftsmäßig zu. Je nach Strafmaß ist die Gasse ein- oder mehreremale zu passieren, es soll für besonders schwere Vergehen zehnmalige Durchläufe gegeben haben. Wer hielt da durch?

So erniedrigend, wie es uns heute erscheint, ist diese Strafe wohl nicht aufgefasst worden. Man muss bedenken, dass durch sie nicht nur die Disziplin der Soldaten untereinander gefördert wurde, sondern auch das Verhalten der Truppe im Krieg gegenüber der Bevölkerung. So berichtete ein französischer Soldat verwundert nach Hause, „dass die preußischen Soldaten nicht wie wir jedes besetzte Dorf, jede durchmarschierte Landschaft ausplündern und drangsalieren".

In Kriegs- und Manöverzeiten war jedes Lager mit einem dichten Kordon Wachmannschaften umstellt. Denn dort versuchten manche Soldaten immer wieder, ins nahe Ausland zum Beispiel, zu verschwinden. Während in Frankreich jeder Deserteur erschossen wurde, war man in Preußen auch mit Hinrichtungen sparsamer. Der preußische Regimentstambour Dreyer berichtet aus eigenem Erleben:

„Damals dachte kein Gemeiner daran, Offizier werden zu wollen, er wusste, dass diese Stellen dem Adel gebührten, die Stockprügel, welche er erhielt, waren ihm nicht so entehrend, denn er hatte sich schon als Bauer daran gewöhnt."

Ein neuer Trend breitete sich jetzt aus: Durch das Auffüllen der Truppen mit „Landeskindern", die durchaus wussten, worum es in diesem Krieg ging, brach sich das neue, bisher erstaunlich wenig bekannte Element „Vaterlandsverteidigung" Bahn – die Basis kommender Kriege! Aus dem 1740er-Wahlspruch „Pro gloria et patria" konnte 1757 der erste Begriff glatt gestrichen werden!

Entgegen Friedrichs relativ homogener Armee marschierte nun, wie wir bereits wissen, eine Streitmacht auf, die aus allen Teilen des Reiches, die gegen Preußen standen, zusammengeklaubt war und von den Franzosen verstärkt wurde. Das Kunterbunt ihrer Ausrüstung begann bei den Uniformen, setzte sich bei den Hilfsmitteln fort und endete bei Bewaffnung und Munition. Wie bei früheren Kreuzritterheeren tummelte sich allerlei gemischtes Volk mit unterschiedlicher Motivation unter den Fahnen, und selbst das Offizierskorps leistete sich Dinge, für die in der preußischen Armee geköpft und erschossen worden wäre. Wie blindmachender Nebel schwebte ein Hauch Religions- und Glaubenskrieg über einem Vorhaben, das weltlicher nicht sein konnte.

„Maudit hérétique – verdammter Ketzer!“

So lautete das Schimpfwort der Franzosen, wenn sie sich einen lutherischen Pfarrer vornahmen. Ihre Pfarreien wurden ausgeraubt, sie selbst an Pferdeschwänze gebunden und anderweitig gepiesakt, bis sie ihre Geldbestände und Vorräte hergegeben hatten. Pfarrhäuser waren in damaligen ländlichen Gegenden **die** Orte, wo es am meisten zu stehlen gab und gar in evangelischen hockten zumeist Pfarrfrauen und Pfarrtöchter geängstigt in Kellern, Ställen und Schuppen, die nach alter Landsknechtsart im Vorübergehen aufs Kreuz gelegt werden konnten. Hier ein zeitgenössischer Bericht, der es in sich hat:

„...Wie ein Heuschreckenschwarm fiel das Gesindel auf die friedlichen Dörfer. Vierzig bis fünfzig Mann Einquartierung wurden in ein Bürger- oder Bauernhaus gelegt. Die armen Quartierwirte mussten alles auftragen, was sie nur an Lebensmittelvorräten hatten. Die Pferde spannte man vor die Kanonen, das Rindvieh und die Schweine schlachtete man, um den Fleischbedarf der Armee zu decken. Und das sollten die Befreier vom preußischen Joch sein? Sie hausten doch in einem verbündeten Land!“

Die örtlichen Behörden und Amtsleute protestierten bei ihren Landesherren, die jedoch nichts ändern konnten oder wollten. General Graf St. Germain, einer der ordentlichen Franzosen, hatte sich denn auch bitter zu beklagen:
„Wie können solche junge Menschen mit ihren liederlichen Sitten, im Umgang mit Dirnen verlottert, in den Soldaten das Gefühl für Ehre und Zucht wachrufen, das die Stärke der Armee ausmacht! Unwissenheit, Frivolität, Nachlässigkeit, Feigheit sind an Stelle männlicher Tugend und Tapferkeit getreten.“

Versuchen wir jedoch vorübergehend liberal zu sein und eine Lanze für die Übeltäter zu brechen!
Erstens: Sie stammten fast alle aus für uns heute unvorstellbaren ärmlichen Verhältnissen, waren ausgebeutet, von Fronherren missachtet und misshandelt worden. Nun erlaubte ihnen der sie durchaus befreiende Soldatenstand ein Leben, was Essen und Trinken anging, in Saus und Braus.
Zweitens: Die Armee, die sie gerufen, geworben oder gestohlen und ihnen pünktlichen reichen Lohn zugesichert hatte, sorgte nicht für sie; entweder aus Schlamperei oder Betrügerei oder weil tatsächlich aus der Heimat kein Nachschub durchkam. „Bäckereien haben wir genug“, klagten die verantwortlichen Offiziere, „aber kein Mehl zum Backen.“ Tagelang zogen Teile der Reichsarmee durchs Land, wen wunderte es, dass nagender Schmacht und brennender Durst auch bei sonst anständigen Soldaten zu Auswüchsen führten.

Die Schilderungen dieser Übelstände müssen uns auf eine Frage bringen, die aktuell wird:
„Wie machte das eigentlich Friedrich, der große Organisator und absolute Befehlshaber?“

Grundsätzlich war er, und zwar ehrlich aus humanen Anschauungen und Vernunftgründen bestrebt, die Zivilbevölkerung in seinen Kriegen nicht leiden zu lassen. Aber kein Feldherr, auch ein königlicher nicht, war je in der Lage, Unterschleife, Unregelmäßigkeiten, Mogeleien und Drangsalierungen seiner Truppen gänzlich zu unterbinden.

Aus ganz praktischen Erwägungen hat Friedrich folgendes stets einzurichten versucht: Um nicht während der vielen Märsche immer wieder aufgehalten zu werden, ließ er seine Infanterie, in unserem aktuellen Fall bis Erfurt, durch die Quartierwirte verpflegen, welche durchwegs prompt bezahlt wurden. Für die Kavallerie, die leichter und schneller fortkam, wurde zahlreiches Vieh mitgetrieben und an die Regimenter verkauft. Weitere Lebensmittel konnte sich die Mannschaft auf in den Lagern abgehaltenen Märkten kaufen. Holz, Stroh und Viehfutter hatten die umliegenden Gemeinden anzuliefern. Jeder Soldat hatte trug einen Brotvorrat für drei Tage mit sich, weitere Mengen wurden je nach Vormarsch nachgefahren, denn Friedrich wusste, dass ein hungriger Bauch nicht nur beim Marschieren, sondern auch beim Kämpfen streikt. Im Prinzip verfuhren alle Armeen der Zeit wie die preußische, aber diese Reichsarmee, von der wir berichten, war in jeder Hinsicht eben ein Sauhaufen.

Ein weiterer Schwachpunkt dieser Armee war der Tross, die Bagage, der so genannte Rattenschwanz von Individuen beiderlei Geschlechts. Der alles, nur kämpfen nicht, im Sinn hatte. Besonders die vornehmen französischen Offiziere, von denen wir schon erfahren haben, mochten auch im Krieg auf die Annehmlichkeiten romanischen Lotterlebens nicht verzichten. Wie anders Friedrich! Nach seinen Befehlen vom 3. September speziell für diesen Feldzug durften die Bataillone nur die Kommandeurs- und Stabswagen mitführen, außerdem die wichtigen „Feldscherkaleschen (Sanitätskutschen) und je einen Kompaniewagen für Schuhe und Montierungsstücke. Die Herren Generale hatten ihre Bagage aufs Mindeste zu beschränken, den Rest in Torgau zu belassen. Aber vollgefüllte Brotwagen sollten, nach Ermessen der Verantwortlichen, hier Generalmajor von Retzow, unbedingt bei der Armee verbleiben.

Während Friedrich derartig für seine „Kinder" sorgte, mangelte es den Reichstruppen wenigstens an einem micht: an geistlicher Nahrung. Ihre Landesväter, von Minifürsten bis zu den Reichsstädten, verschafften ihnen ausreichend davon, denn sie ist wohlfeil, erneuerbar und, in Form letzter Ölung, auch wirksam. Altarzelte, klerikale Standarten, die an Pracht den militärischen nicht nachstanden, und Feldprediger wurden ausreichend mitgeführt.

Neben der geistlichen Nahrung kamen in der Reichsarmee jetzt plötzlich Ausbildung und Drill zu Ehren, denn man stellte fest, dass viele Soldaten noch nie die Kommandos „bringt den Ladestock in den Lauf" oder „setzt an die Ladung" gehört hatten. Hildburghausen, ein guter Organisator, tat alles, um vor dem Treffen mit Friedrich eine Armee zusammemzustellen, die, weil sie zahlreicher war, ihm gewachsen sein sollte.

Am meisten und zu Recht fürchteten Hildburghausen und Soubise die preußische Infanterie, deren Feuerkraft zwar damals schon übertrieben dargestellt wurde, die aber tasächlich allen zeitgenössischen überlegen war; auch den in der Reichsarmee eingesetzten regulären deutschen, schweizer und französischen Regimentern – es wird ein Hohn der Geschichte bleiben, dass nicht die Infanterie, aber die Kavallerie diese Schlacht entschied.

Friedrich seinerseits hatte die französische Artillerie zu fürchten, die mit 33 schweren Geschützen unter hundert Offizieren und tausend Artilleristen einzugreifen gedachte.

Berühmte Namen wie Graf d'Aumale und Oberst Brijot standen für sie. Sie schwadronierten:
„Die Preußen sollen uns kein Haar verbrennen, und wenn unsere Männer die Schlacht verlieren, so wollen wir eine solche wiedergewinnen."

Das GStW hat die Stärke der preußischen Armee nach den so genannten Tageslisten vom Oktober 1757 bis Anfang November berechnet und behauptet, dass höhere Schätzungen unrichtig seien. Die große Unsicherheit sind die Abgänge aus verschiedenen Gründen, die sich natürlich nicht mit den Zugängen ausglichen. Somit ergibt sich eine preußische Armee folgender Stärke:

27 Bataillone Infanterie zu 600 Mann	16.200
45 Schwadronen Kavallerie zu 120 Mann	5.400
Bedienung der Artillerie für 25 Geschütze	400
Gesamtstärke der Armee	22.000 Mann.

Gegen sie stand die verbündete Reichsarmee mit
14 Bataillonen Reichsinfanterie,
42 Schwadronen Reichskavallerie, zusammen 10.900 Mann,
48 Bataillone französische Infanterie,
40 Schwadronen französische Kavallerie
zusammen 30.200 Mann.

Die Reichsartillerie verfügt über zwölf Reservegeschütze, die Franzosen führen 33 schwere Geschütze mit sich. Damit ist die kombenierte Armee der preußischen ums Doppelte überlegen. Dies scheint bei der Kavallerie besonders bedrohlich zu sein, denn speziell die französische gilt als tüchtig und kriegserfahren.

Das Thema Fahnenflucht haben wir schon angeschnitten, jedoch nur in Verbindung mit der preußischen Armee. Bei der Reichsarmee ist sie vom Anfang ihrer Versammlung ein großes Problem. Was gar nicht verwundern kann, wenn wir erfahren, wie ihre Soldaten angeworben und rekrutiert wurden. Schließlich gilt auch zu erkennen, dass viele Soldaten keine Lust hatten, als Deutsche gegen Deutsche zu kämpfen, auch wenn „deutsch" damals mit Nationalität wenig zu tun hatte. Und Begriffe wie „Kaiser" und „Reich" hatten längst nicht mehr Reputation genug, um sich freiwillig um sie zu schlagen.

Als das Bataillon „Paderborn" sich mit den Hannoverschen anlegen musste, desertierten prompt bis Anfang September 82 Mann. Im Frankfurter Lager hatten sich die Regimenter „Pfalz-Zweibrücken" und „Nassau-Weilburg" versammelt, und als sie ausrücken mussten, lösten sich ganze Kompanien auf, ohne dass die Offiziere es verhindern konnten oder mochten. Das Bataillon „Darmstadt" verlor 152 Fahnenflüchtige, und als das Regiment „Blau-Würzburg" den Vormarsch nach Erfurt antrat, hatte es bereits einen abgang von 540 Mann und musste von zuverlässigen Truppen eskortiert werden.

Mit solchen Soldaten eine Armee aufzustellen, die preußische Grenadiere und Kavalleristen in die Flucht schlagen soll, war schon ein abenteuerliches Unternehmen. Und so ist es verständlich, dass der Kaiser und die Kaiserin all ihre Hoffnungen auf die Franzosen setzten. Friedrich spottete zwar wie üblich, konnte aber über die wahren Zustände in der gegnerischen Armee nicht vollständig unterrichtet sein und hatte allen Grund, sie ernst zu nehmen. Noch eine Niederlage im laufenden Jahr und er könnte, wie man schon damals sagte, „seine Koffer packen"...

Wie kämpfte man damals?

Die Fundamente der Armeen der Zeit sind Infanterie und Kavallerie. Die Artillerie ist jedoch von Krieg zu Krieg und Schlacht zu Schlacht immer mehr im Kommen, weil sie immer wirkungsvoller eingesetzt und nicht nur als Belagerungsgeschütz genutzt wird. Man bedenke, dass die Kanonen alle Vorderlader waren und keine Explosivgeschosse verschießen konnten.

Die Bewaffnung der Infanterie besteht aus einem Vorderladergewehr, mit dem der Soldat, je nach Stand seiner Übung, zwei bis drei Schuss in der Minute abgeben kann. Hier sind die Preußen ihren Gegnern weit voraus, was entscheidend werden wird. Zum Laden des Gewehrs wird ein Ladestock benutzt, der bei den Preußen bereits eisern, bei anderen Heeren noch meist hölzern ist. Das aufs Gewehr zu pflanzende Bajonett, (wie ein Fahrtenmesser sozusagen), hat bei den Preußen infolge ihrer Vorliebe zum Nahkampf eher große Bedeutung erlangt als bei den Österreichern. Das Gewehr des 18. Jahrhunderts schoss nach heutigen Begriffen höchst ungenau, auf einer Entfernung von 75 Metern, hat man erforscht, betrug die Trefferquote fünf bis sechs Prozent. Im Durchschnitt soll es durch 10.000 Schuss 500 bis 700 Tote und Verwundete gegeben haben.

Die Hauptwaffe der Kavallerie ist der Pallasch, ein schwerer Säbel, mit dem vom Pferd aus auf andere Reiter und auf Infanteristen eingeschlagen wird. Zur Zeit dieses Krieges führt jeder preußische Reiter noch ein Gewehr und eine Pistole bei sich, damit er abgesessen in den Infanteriekampf eingreifen kann. Während der Attacke darf die preußische Kavallerie, im Gegensatz zu den anderen, keine Salven aus den Pistolen abgeben. Zu Recht argumentierte Friedrich, dass Treffer dann Glücksache sein würden.

Die Artillerie der Zeit verfügt über Geschütze wie leichte Feldkanonen bis zum Belagerungsgeschütz schwersten Kalibers, mit dem die Festungen und verschanzten Stellungen sturmreif geschossen werden sollen. Die leichten Feldkanonen, welche die Bedienung selbst ziehen konnte, konnten immerhin bis sechsmal in der Minute feuern, was Angreifer natürlich leicht in Schwierigkeiten bringen kann. Um sich gegen Angriffe von Bodentruppen wehren zu können, ist jeder Kanonier mit einem leichten Säbel bewaffnet, außerdem werden oft Deckungsmannschaften aufgestellt. Die wertvollen Zugpferde werden während der Schlacht im Hintergrund in Deckung gebracht. Es wurden nicht nur Vollkugeln verschossen, sondern auch Brandkugeln in Städte und Dörfer, wenn diese nicht kapitulieren wollten. Auch den Vorläufer des Schrapnells gab es schon, wenn die Kanonen, gegen geschlossene Formationen gerichtet, statt mit Vollkugeln mit Nägeln und gehacktem Blei geladen wurden. Eine Kanone mit 14 Kilogramm Geschossgewicht konnte etwa, je nach Senkung oder Aufrichtung des Rohres, wirkungsvoll zweieinhab Kilometer weit schießen.

Ein „Manual“ aus dem Jahr 1754 beschreibt die Bedienung von Geschützen folgendermaßen:
„Die Feuertätigkeit erfordert vier Mann, einer so auswischet und ansetzet, einer der die Kartusche einsetzet, einer der die Schlagröhr einsetzet, einer so abfeuert.“
Vier weitere Leute dienten zum Ziehen, die Kommandos, die der Wischer abzugeben hatte, lauteten:
„Gebt Achtung! – Macht euch fertig und ladet! – Feuer!“
Im Prinzip hatte Friedrich etwas gegen die schweren Geschütze einzuwenden, zum Beispiel die „Brummer“ von 29 Zentnern Gewicht, weil sie die Beweglichkeit der Fußtruppen erheblich einschränkten. Aber er schrieb dann selbst:
„Sie sind etwas schwierig fortzubringen, dagegen aber schießen sie auf 5.400 Schritt und mit Kartätschen (Schrapnell) auf 1.000 Schritt.“
(Ein Schritt maß in Preußen etwa 75 Zentimeter.)

Über Straßen und Wege der Zeit haben wir uns schon ausgelassen und von holprigen Trassen, Pfade, Knüppeldämmen und bodenlosen Schlamm- und Sandpisten berichtet. Da marschieren sie nun, die 30.000 oder 50.000 Mann einer Armee, und alles in allem ist dieser Heerwurm zehn und mehr Kilometer lang. Der marschierenden Infanterie folgen die von schweren Pferden gezogenen Kanonen, Munitions- und Versorgungswagen, die Feldbäckerei und die Feldapotheke. Die meisten Wagen sind vier- oder sechsspännig und dieses Kolonnenfahren erfordert höchste Aufmerksamkeit. Es folgen die technischen Einheiten wie Pioniere mit Pontons für den Bau von Brücken. Bei sommerlicher Trockenheit in große Staubwolken gehüllt marschieren die Truppen auch querfeldein, wenn die Wege wegen der Breite nicht ausreichen. Die Kolonnen werden von leichter Kavallerie umschwärmt, die aufzuklären und vor Überfällen zu schützen hat.

Der Sold des einfachen Soldaten der preußischen Armee betrug nach Abzug der Kosten für Brot und Bekleidung ein Taler und acht Groschen monatlich. Hier ein Vergleich über den Wert solcher Zahlungen: Ein Taler hatte 24 Groschen, eine Mahlzeit kostete zwei Groschen. Bedenkt man, dass die meisten einfachen Soldaten aus Familien stammten, „wo es wenig zu beißen gab“ und wo nur fürs Essen und Schlafen allein von frühmorgens bis spätabends gearbeitet und geschuftet werden musste, dass die Schwarten krachten, so hatten diese Soldaten zwar nicht das große Los gezogen, besaßen nun aber einen geachteten Beruf mit viel Ansehen in der Bevölkerung und hatten beinahe die erste Stufe „weg von der Leibeigenschaft“ erklommen.

Kriegführen, Soldatsein, andere Menschen ins Jenseits befördern, sich selber am Überleben erfreuen, fürs eigene Land und für einen König oder Kaiser einstehen – dies alles schließt Frömmigkeit, Gläubigkeit und Humor nicht aus. So marschierten sie denn dahin, diese soldaten des 18.

Jahrhunderts, mit Chorälen, geistig erbaulichen und lustig-fatalistischen Liedern und Melodien auf den Lippen. Begleiten wir sie nun einmal in eine imaginäre Schlacht, ehe die richtige „von Roßbach" zu beschreiben ist.

Wie man sich damals „an die Köpfe kriegte" ist für uns Heutige schwer vorstellbar, obwohl wir es von Abbildungen kennen sollten und die Spielfilme es uns vorzuführen versucht haben. Aber beinahe bis ins 20. Jahrhundert ist wie auf den Schlachtfeldern von Roßbach und Leuthen gefochten worden: Als die Russen 1914 in Ostpreußen einfielen, bildeten sich noch nicht die geschlossenen Fronten wie wenig später in Frankreich.

So machten es vor 2.000 Jahren schon die alten Römer, danach die Heere der Völkerwanderung und des 30-jährigen Krieges. Stets ging es bei diesen klassischen Kriegshandlungen darum, den Gegner auszutricksen. Wir haben die Schwierigkeiten schon angedeutet, mit der sich Tausende von Menschen mitsamt Nachschub, Tross, Tieren und Verpflegung durch Landschaften wie Täler, Berge, Flüsse und Moore, durch Dörfer und Städte bewegen mussten. Die Armeen des Siebenjährigen Krieges unterhielten 50.000 und mehr Pferde, welche wie die Soldaten verpflegt werden mussten.

Hatten sich zwei Armeen auf ein, zwei Tagemärsche angenähert, dann war meist das Treffen, die Schlacht also, unvermeidlich geworden. Natürlich, noch hätten sie voneinander lassen können, aber Sichdrücken und Feigheit galten als unverzeihlich. So nahm der mehr defensiv denkende Partner gewöhnlich eine Schlachtaufstellung ein, die strategisch so gut wie möglich und gesichert dem Gelände angepasst war, damit er nicht überrascht, gar von rückwärts überrumpelt werde konnte. Diese Art des Kampfes haben die Österreicher im Siebenjährigen Krieg perfektioniert – wie Friedrich es bei Kolin schmerzhaft erfahren hatte und bei Leuthen, – ein Vorgriff hier - , erfolgreich widerlegen sollte.

Hat der Gegner eine solche Aufstellung nicht verhindert und will er eine Schlacht, so muss er sie angreifen. Das war vor der Erfindung der Feuerwaffen kein großes Risiko, weil ja beide Seiten dem Handgemenge zustrebten. Aber nun die Kanonen und Gewehre! Ehe für den Angreifer die Distanz zum Handgemenge überwunden war, spuckten die Gewehre und Kanonen des Verteidigers ihm Eisen und Blei entgegen. Aus der Schlacht von Zorndorf liegt der Bericht eines Augenzeugen vor, nach dem eine Kanonenkugel in die Reihen der russischen Grenadiere schlug und 42 von ihnen tötete.

In den meisten Schlachten des 18. Jahrhunderts ging der Angreifer in geschlossener Formation auf den Verteidiger los, nachdem er selbst eine vorbereitende Kanonade eingeleitet hatte, in zwei Linien, dem so genannten Treffen, in der Mitte die Infanterie, an den Flügeln die Kavallerie. Leichte Infanterie und die Husaren schwärmten im Umfeld der Schlacht, versuchten Gefangene und Beute zu machen und den rückwärtigen Tross des Gegners zu erbeuten. Nachdem die Infanterie, im Marsch- und Gleichschritt unter einer Feldmusik dem Gegner bis auf 150 Meter herangekommen ist, beginnt das Feuern aus den Gewehren. Hierzu müssen die Soldaten stehenbleiben, um das umständliche Laden und Abfeuern der Gewehre bewerkstelligen zu können. Durch diesen Wechsel schießt meistens nur ein Achtel der Mannschaft. Die Offiziere, die ohne Gewehr aber mit dem Sponton (eine Art Sauspieß) vorgehen, achten auf das Halten der Linie. Die Preußen sind in der Kunst des unaufhörlichen Gewehrfeuerns geübter als alle ihre derzeitigen Gegner. Während des Infanteriefeuers wird weiter vorgegangen, bis beide Linien aufeinandertreffen und der Nahkampf mit dem Bajonett beginnen kann. Dieser mit dem Bajonett, dem Degen und Säbel ausgefochtene

Nahkampf ähnelt noch sehr dem oben erwähnten Schwertkampf der Antike.

Es gilt, - so grausam es uns heute klingen mag -, soviel Gegner wie möglich abzustechen und Unordnung in dessen Linien zu bringen. In diese Getümmel stößt nun die Kavallerie in heftigen Attacken und die Reiter hauen vom Pferd aus mit dem schweren Säbel auf die Infanteristen ein. Diese wiederum sind nicht faul und stechen den Pferden das Bajonett in den Leib, reißen zu zweit oder meheren den Reiter vom Pferd und stechen auch ihn ab. Die Reiterei muss sich zudem den feindlichen Reitern erwehren, welche der eigenen Infanterie zu helfen versucht. Auch die Artillerei schweigt nicht und feuert gezielt in die Menge.

Über allen um ihr Leben kämpfenden Menschen wabert der Pulverdampf, lodern Flammen, liegt das Geschrei der Sterbenden und das Gestöhne der Verwundeten. Um Letztere kann sich in diesem Stadium der Schlacht niemand kümmern. Stehen wie üblich Reserven an Kavallerie und Infanterie bereit, so werden diese jetzt, - „wenn die Schlacht steht“, wie man es formulierte -, eingesetzt und können „das Blatt“, steht es schlecht, noch rechtzeitig wenden. Das Ziel jeder Schlacht ist es, dem Gegner möglichst viele Personalverluste beizubringen, das Einbringen zahlreicher Gefangener und die gegnerische Armee „in alle Winde zu zerstreuen“. Gelingt dies, kann es Monate dauern, bis eine neue aufgestellt wird. In dieser Zeit hat der Sieger die Möglichkeit freien Operierens, was für den Verlauf des Krieges bedeutungsvoll sein kann.

Wer siegt in derartigen Schlachten? Immer die Übermacht? Stets die Mutigsten? Gewiss nicht. Wir wissen aus den historischen Geschehnissen von zweitausend Jahren her, wie wenig die Völker der so genannten Barbaren ausrichten konnten, wenn sie gegen die disziplinierten Legionen der Römer antraten. Das ewig alte und im 18. Jahrhundert doch wieder neue Prinzip von Disziplin und Ausbildung, auch Drill genannt, war in Brandenburg-Preußen mit dem großen Kurfürsten Friedrich Wilhelm erneut zu Ehren gekommen und von seinen Nachfolgern zum unbedingten Muss erhoben worden.

Noch einmal hier ein Appell an unsere Fantasie: Eine in fester Ordnung und unter eindeutigen Befehlen vorgehende Armee, die zudem noch doppelt so schnell schießt wie die gegnerische – diese Armee kann auch dann siegen, wenn sie eindeutig in der Unterzahl ist. (Anmerkung: Friedrichs Armeen waren immer in der Unterzahl!)

Ausnahmen bestätigen die Regel: Statt sich frontal zu attackieren, versuchte man sich natürlich auch seitwärts und hinterrücks zu kommen. So entwickelte sich das uralte System der „Schiefen Schlachtordnung", durch Hannibal bei Cannae bekanntgeworden, bei der es darum geht, den Feind mit Übermacht an einer Schwachstelle, meist an einem Flügel der Aufstellung, anzugreifen. Neben großen Schlachten gab es im gegenwärtigen Krieg viele kleine Scharmützel und auch Belagerungen und Eroberungen von großen und kleinen Städten und Festungen. Das alles missfiel Friedrich sehr, weil es seinen Gegnern gefiel, denn für ihn war es vollkommen klar:
„Preußens Kriege müssen kurz und vif sein!"
Ja, frischen Wind in das Schlachtgeschehen des Jahrhunderts brachten die Preußen: Sie marschierten mehr und schneller, schossen rascher und präziser, gehorchten „braver" und wurden meist besser geführt.

Der Aufmarsch der Reichsvölker und Franzosen

Als die Franzosen im Sommer 1757 ihren Verpflichtungen zum Koalitionskrieg nachzukommen begannen, stellten sie eine Armee auf, als sollte ganz Deutschland bis nach Polen und Ostpreußen hinauf aufgerollt werden. Kein Wunder,

dass es kaum noch Optimisten gab, die ein paar Pfifferlinge für Friedrich geben mochten. Der Bestand der Gesamtarmee Richelieus betrug am 3. August:
149 Bataillone Infanterie,
159 Schwadronen Kavallerie,
4 Bataillone Artilllerie,
je 4 Kompanien Mineure und Handwerker,
4 Freikorps,
4 Bataillone österreichische Infanterie und
10 Bataillone Pfälzer Infanterie –
was zusammen, laut Berechnungen des GStW, 129.114 Soldaten ausmachte. Furchterweckend und jede Siegeshoffnung der Preußen erdrückend war der Artilleriepark von 130 Geschützen, der, richtig eingesetzt, alle preußischen Ambitionen zu einer Offensive von Anfang an ersticken musste. Friedrich hatte Kolin gerade hinter und seine bereits geschilderten Depressionen noch vor sich. Vor sich hat er auch noch den Streit mit Bruder August Wilhelm, der sich in Böhmen von den Österreichern hat schlagen lassen. Friedrichs Fehler war, diesen sensiblen und ganz und gar unkriegerischen Bruder zum Befehlshaber einer Armee gemacht zu haben. August Wilhelm, wie berichtet Prinz von Preußen und designierter Thronfolger, wirft das Handtuch, verlässt die Armee und kehrt nach Berlin zurück.

Als es ernst wird und Richelieu Mitte September über Braunschweig ins Halberstädtische marschiert, besteht seine Operationsarmee in folgender Stärke (wieder nach dem GStW):
Die eigentliche Hauptarmee mit 72 Bataillonen Infanterie,
65 Schwadronen Kavallerie,
3 Bataillone Artillerie,
die Avantgarde mit 7 Bataillone Infanterie,
15 Schwadronen Kavallerie und 1 Freikorps,

die Division Armentiéres mit 8 Bataillone Infanterie, 22 Schwadronen Kavallerie,
die Division Chevreuse mit 10 Bataillone Infanterie und 1 Freikorps,
und die Entsendeten mit 8 Bataillone Infanterie, 10 Schwadronen Kavallerie und 1 Freikorps.

.

Da endlich konnte Hildburghausen frohlocken:
„Es soll mit der ganzen Armée augenblicklich aufgebrochen werden, mit einem Wort, man soll Miracel thun.“
„Die ganze Armee“ – dazu gehörten natürlich auch die kaiserlichen Völker, die aus allen Teilen des Reiches zugestoßen waren. Für den Marsch nach Erfurt waren sie folgendermaßen eingeteilt worden: Die Avantgarde unter Feldmarschall-Leutnant Prinz von Hessen-Darmstadt mit den Infanterie-Regimentern Kurmainz, Ferentheil, Varel und Hessen-Darmstadt und den Ansbach-Dragonern, insgesamt neun Bataillone und fünf Schwadronen. Das erste Treffen unter Feldzeugmeister Landgraf von Fürstenberg mit den Infanterie-Regimentern Kurtrier, Kurpfalz, Pfalz-Zweibrücken, Nassau-Weilburg und Cronegk, mit den Kürassier-Regimentern Bretlach, Trauttmansdorff und Kurpfalz und den Württemberg-Dragonern, insgesamt zehn Bataillone und sechzehn Schwadronen. Das zweite Treffen unter Feldzeugmeister Prinz von Baden-Durlach mit den Infanterie-Regimentern Kurbayern, Baden-Baden, Baden-Durlach und Fürstenberg, mit den Kürassier-Regimentern Bretlach, Bayreuth und Hohenzollern, insgesamt acht Bataillone und zwölf Schwadronen. In Erfurt war bereits das Infanterie-Regiment Blau-Würzburg mit zwei Bataillone eingetroffen. Im Anmarsch befanden sich außerdem die Infanterie-Regimenter Württemberg, Kurköln, Paderborn und Münster und die Husaren-Regimenter Szecheny und Spényi, insgesamt sechs Bataillone und zwölf Schwadro-

nen. Der Geschützpark bestand aus einem Dutzend dreipfündiger Kanonen.

Die teilweise „sehr erlauchten“ Namen dokumentieren und offenbaren die politische Zerrissenheit Deutschlands. Das Heilige Römische Reich kratzt noch einmal zu einem Bürgerkrieg zusammen, was es zu bieten hat. Reichsarmee und Franzosen rücken nun in einer unglaublichen Machtfülle heran, die eines besseren Zwecks würdig gewesen wäre, als den armen Markgrafen von Brandenburg, - so wurde Friedrich vom Papst, dem Bischof von Rom, immer genannt -, in seine angestammten Schranken zu verweisen. Wir fassen diese Machtfülle noch einmal zusammen: 33.170 Mann Infanterie, 7.340 Mann Kavallerie, 600 Mann der Artillerie und 114 Geschütze. Bis zum 29. Oktober trafen unter Marschall Broglie aus der Armee Richelieus noch folgende Verstärkungen ein: zwanzig Bataillone Infanterie und achtzehn Schwadronen Kavallerie.

So stand am Vorabend der Schlacht, die Friedrich vor dem 5. November erwartete, die kombinierte Armee in folgenden Orten:
9 Bataillone Infanterie und 2 Schwadronen Kavallerie in Merseburg,
6 Schwadronen Kavallerie bei Fährendorf/Spergau,
22 Bataillone Infanterie und 32 Schwadronen Kavallerie bei Reichardtswerben,
2 Bataillone Infanterie in Korbetha,
16 Bataillone Infanterie bei Kösen und Altenburg und
1 Bataillon Infanterie in Freiburg.

Was war das Ziel dieser Armee, die entgegen militärischer Gebräuche noch so spät im Jahr zu einer Schlacht antrat? Nun, die Preußen aus Sachsen zu vertreiben, wo sie nach Friedrichs Devise, die teuren Überwinterungen der Armee möglichst in Feindesland und nicht im eigenen Land durchzuführen. Haben wir sie, diese Preußen, dort hinausgeworfen, überlegte die Koalition, können wir sie 1758 in einem kombinierten Feldzug russischer, österreichischer und schwedischer Kräfte in ihren Kernlanden aufspüren und den Krieg in Berlin zu Ende bringen. Angesichts des geschilderten Aufmarsches müssen auch wir der Koalition bescheinigen, dass dies keine Wunschträume waren. Das nachbarliche Europa dachte da nicht anders...

Der Aufmarsch der Preußen

Was Friedrich, als er diesen Krieg plante und begann, nicht geheuer vorkam und was er unbedingt vermeiden wollte, sollte nun ab 1757 permanent eintreten und geschehen: eine Schlacht mit unterlegenen Kräften schlagen zu müssen. Wir wissen nicht, wie gut er über seine Feinde informiert war, über ihre Stärke und Absichten, aber wenn er jetzt Bescheid wüsste, müsste er es dem Vogel Strauß gleichmachen: der ja seinen Kopf in den Sand stecken soll, wenn er nicht mehr weiter weiß. Wir müssen hier noch einmal klarstellen und es sollte in einer Abhandlung wie dieser unaufhörlich darauf verwiesen werden, dass nur er, kein anderer weit und breit in ganz Europa diesen Krieg am Leben hielt – indem er nicht aufgab! Aufgeben! Bei der Anzahl der Feinde in allen Himmelsrichtungen – jeder hätte es getan! Der statt Friedrich das Sagen hätte: August Wilhelm, Heinrich, Ferdinand, gar Sophie Dorothea!

Rechnen wir wie das GStW für ein Grenadier-Bataillon 530, für ein Infanterie-Bataillon 684 und für eine Schwadron Kürassiere oder Dragoner 150 Mann, so ergibt sich für Friedrichs Roßbacher Armee die folgende Kopfstärke:

- 7 Grenadier-Bataillone	3.710 Mann,
- 22 Infanterie-Bataillone	15.048 Mann,
- 33 Kavallerie-Schwadronen	4.950 Mann,

- 2 Schwadronen Kavallerie 150 Mann,
- Székely-Husaren 600 Mann und
- 1 Freibattaillon (Mayr) 466 Mann.

Das ergibt eine Gesamtstärke von 24.924 Mann, die auf 25.000 aufgerundet werden können. Die nicht messbare Kraft dieser Armee bestand in ihrer Moral, weil sie hauptsächlich aus Bewohnern der Mark, Pommerns und der westlichen Provinzen aufgefüllt wurde. 25 schwere Geschütze, zum Teil von Leipzig her mitgenommen und diesmal sehr gut eingeübt und unter hervorragender Motivation, sollen die Infanterie und Kavallerie unterstützen und den Truppen die feindliche Artillerie vom Hals halten.

Bedenken wir, was Friedrich erwartete: Entweder eine Schlacht im klassischen Stil, das heißt, er findet eine aufgestellte feindliche Armee und greift sie an, um sie vom Schlachtfeld zu werfen und in alle Gegenden zu zerstreuen. Oder er bekommt Gelegenheit, eine Armee im Lager, in der Aufstellung oder im Marsch zu überfallen; wenn er richtig abschätzte, war der erste Fall der wahrscheinliche, weil übliche. Er selbst durfte sich auf keinen Fall defensiv aufstellen und attackieren lassen, weil das bei seiner zahlenmäßigen Unterlegenheit tödlich gewesen wäre.

Als Friedrich am 17. Oktober aus Leipzig abmarschierte, hatte er seine Truppen so verteilt: Er selbst stand mit seinem Korps bis zum 16. in Leipzig, mit dem I., II. und III. Bataillon Garde, den Grenadier-Bataillonen Retzow, Finck, Wedel, Itzenplitz, Winterfeld und Garde du Corps und dem Dragoner-Regiment Meinicke, gesamt zehn Bataillone und acht Schwadronen; Feldmarschall Keith stand an der Saale mit den Grenadier-Bataillonen Kremzow, Lubath, Markgraf Karl und Forcade, dem Freibataillon Mayr, dem Dragoner-Regiment Katte und einer Schwadron Seydlitz-

Husaren, gesamt 7 Bataillone und 6 Schwadronen; Fürst Moritz von Anhalt-Dessau stand in Berlin mit den Grenadier-Bataillonen Jung-Billerbeck, Goltz, Meyerinck und Kleist, mit den Kürassier-Regimentern Gensd'armes und Rochow und dem Husaren-Regiment Székely, gesamt 8 Bataillone und 20 Schwadronen; unter Prinz Ferdinand von Braunschweig standen bei Magdeburg die Bataillone Alt-Braunschweig, Hülsen und Anhalt, das Leibregiment zu Pferd, die Driesen-Kürassiere und eine Schwadron Seydlitz-Husaren, gesamt 7 Bataillone und 11 Schwadronen.
Friedrich konnte um diese Zeit noch nicht wissen, wo er beschäftigt werden würde, hatte so aber die Möglichkeit, seine Truppen bei Bedarf an sich zu ziehen. Wir müssen bedenken, dass eine weitere Armee unter dem Herzog von Bevern in Schlesien stand, um diese Provinz gegen die Österreicher zu decken. Friedrich schrieb später über diese Tage:
„Bis jetzt hatte der König die Dinge in der Schwebe lassen müssen. Er konnte nichts unternehmen und musste alles von der Gunst der Zeit erwarten."
(Friedrich schrieb seine Erinnerungen in der dritten Person). Unter allen Umständen wollte er verhindern, ins eigene Gebiet abgedrängt zu werden.

Die Stimmung in Deutschland – Teil eins

Welche offizielle Stimmung in Deutschland herrschte, das sich noch immer Heiliges Römisches Reich Deutscher Nation nannte, konnte Friedrich an der Abstimmung ablesen, die im Zuge des Achtsverfahrens gegen ihn und seine Familie bekannt wurden. Im Rat der Kurfürsten stimmte nur Hannover für ihn, im Fürstenrat erhielt Preußen von 86 Stimmen nur 26 für sich. Die Mehrheit der deutschen Duodez- und anderen Kleinkrauterfürsten mochte offenbar keinen Pfifferling für Friedrich geben und wollte wohl bei der

späteren Beuteaufteilung nicht leer ausgehen. Friedrich grollte besonders seinem protestantischen Kollegen und Schwager, dem Markgrafen von Ansbach:
„Ihr sollt mich nicht ungestraft beleidigt haben, und wenn Gott mich am Leben lässt, werdet Ihr Eure Stimmabgabe noch bereuen.“
Dass Friedrich nicht mit sich spaßen lässt, beweist sein Befehl, das Rittergut Grochwitz des sächsischen Ministers Heinrich von Brühl von seinen Soldaten plündern zu lassen.

„Ad bellum Sacri Romano-Germanici Imperii solenne decernendum“ – so lautet die Kriegserklärung des Reiches gegen Brandenburg-Preußen.
Ächtung, Achtsprechung in Deutschland! Durch den Kaiser und den Reichstag zu Regensburg! Vom selben Kaiser, sinniert Friedrich, der durch seine Agenten meine Armee mit Lebensmitteln versorgt! Friedrich befindet sich in guter Gesellschaft: Geächtet wurden 976 Heinrich von Bayern, 1130 Heinrich der Löwe, 1208 Otto von Wittelsbach, 1547 und 1566 Johann Friedrich von Sachsen, 1619 Friedrich V. von der Pfalz, 1707 der Kurfürst von Bayern. War die Acht früher ein scharfes Schwert, so hatte sie sich bereits im 18. Jahrhundert zum schartigen Küchenmesser gewandelt, parallel mit dem Niedergang des Kaisertums und des Reichsgedankens. Aber das Küchenmesser konnte noch stechen: Durch eine so genannte Reichsexekutionsarmee, die noch in der Lage sein mochte, einen geächteten Fürsten zur Raison zu bringen. Nun reihte sich eine solche Armee in die Gruppe der Feinde Preußens ein. Johann Ludwig Gleim dichtete rechtzeitig vor Roßbach sein „Herausforderungslied“:

„Heraus, aus deiner Wolfesgruft, furchtbares Heldenheer!
Heraus zum Streit in frischer Luft,mit Mut und Schlachtgewehr!

Wir kleiner Haufe wachsen schon und singen Schlachtgesang,
und wecken dich mit Kriegeston, mit Lärm und Waffenklang.
Was schlummerst du? Die träge Rast, schickt die für Helden sich?
Wenn du gerechte Sache hast, warum verkriechst du dich?“

Die deutschen Fürsten befanden sich in einer politischen Zwickmühle und einer beklagenswerten Situation. Zum einen hatten sie, sofern sie gegen Friedrich gestimmt hatten, zur Ausrüstung der Reichsarmee an Menschen und Material beizutragen, zum anderen waren sie notorische Drückeberger, wenn ihnen Einsätze für Kaiser und Reich zugemutet wurden – sie waren schon im 18. Jahrhundert von der Zeit eingeholte kleine Würstchen. Mit einer gewissen Ruhe, doch nicht frei von Besorgnis, konnte Friedrich also den Zusammemtritt der Reichsarmee verfolgen. Der Mehrzahl der beteiligten Fürsten war es natürlich ganz gleichgültig, wem sie ihre Soldaten zu stellen hatten und wer nun im Streit der Parteien siegte, Hauptsache, sie kassierten satten Sold bei der Vermietung von Menschen und sie rafften auch sonst allerlei zusammen. Die große Politik berührte sie nur, wenn diese wiederum die Konfessionen berührte, und das tat sie auch jetzt: Weil sich nämlich die beiden katholischen Hauptmächte Europas zu einer wohl schon bedrohlichen Allianz zusammengefunden hatten, Österreich und Frankreich. Und weil, wie die kleinen Fürsten richtig mutmaßten, dass auch der Papst mitmauschelte, war es ihnen nichr geheuer, dass ein maßgeblicher protestantischer Staat zurechtgestutzt werden sollte. Und siehe da und man höre und staune: In Sachsen, Württemberg und anderen evangelischen Ländern wurde von den lutherischen Kanzeln von mutigen und unerschrockenen Geistlichen für Friedrich gebetet – was er vermutlich mit spöttischer Genugtuung zur Kenntnis nahm.

Aber in den deutschen Kleinstaaten regte sich noch etwas anderes, kaum Erwartetes: Ein großer Teil der Offiziere und Mannschaften sympathisierte mit Friedrich und seiner preußischen Sache und zeigte keine Lust, für Österreich, gar Frankreich, ins Feld zu treten. Das war übrigens für viele Deutsche das Unangenehme und Verwerfliche an diesem neuen Krieg: Dass Frankreich wieder einmal im Reichskochtopf mitrührte und dass das fromme Österreich sowohl die orthodoxen Russen als auch die beutegierigen Schweden ins Reich kommen ließ. Wundert es da, dass Friedrich mehr Sympathisanten in Deutschland besaß als er zu hoffen gewagt hatte? Er höhnte in einem Brief an Schwester Wilhelmine in Bayreuth:

„Man wird dieses von Nürnberg kommende Heer behandeln wie das, was die Deutschen Nürnberger Ware nenncn.“

Aber wie gesagt: Die Gefahr für Friedrich besteht darin, dass sich dieses Heer mit der französischen Armee, welche die preußischen westlichen Länder ja bereits okkupiert hatte, zu vereinigen gedachte.

Wenn wir heute die Berichte über das Verhalten der Franzosen in Deutschland während des Siebenjährigen Krieges lesen, sollten wir tunlich Abstriche machen, was den Wahrheitsgehalt betrifft, aber doch auch bedenken, wie frisch die Erinnerungen an die Raubzüge unter Luswig XIV. noch waren und dass König Ludwig XV. sich seines Vorgängers würdig erwies. Wenn die Franzosen normal requiriert hätten, wäre ihnen kein Vorwurf zu machen, aber sie übertrieben wieder einmal und führten sich wie Eroberer auf. Hier nur ein paar Zahlen, die viel besagen: Hessen musste 100.000 Säcke Weizen und 50.000 Säcke Roggen liefern, Mengen, die weit über einen jährlichen Ernteertrag hinausgingen. Wir haben den Zeitgenossen Johann Wilhelm von Archenholtz ja schon ausführlich berichten lassen.

Über die Franzosen von 1757 müssen wir nun zu den Österreichern von 1757 abschwenken. Waren das eigentlich Deutsche im damaligen Sinn? Das muss verneint werden. Zumindest an den europäischen Höfen spielte Nationalität keine Rolle, wie hätte sonst die Kaiserin Maria Theresia, eine bigotte Katholikin, Franzosen und Russen in ihr Reich holen können? Und dort sogar unnötige Grausamkeiten begehen lassen können? Am 23. Juli 1757 zerstörten österreichische Truppen das von den Preußen besetzte Zittau. Die Stadt wurde stundenlang mit glühenden Eisenkugeln beschossen, die 75 Prozent der Gebäude zerstörten. Von den dort stationierten 10.000 preußischen Soldaten waren nur 800 in der Stadt verblieben, so dass eine militärische Notwendigkeit zur Bombardierung nicht vorlag. Die Einwohnerschaft war österreichisch gesonnen und erwartete eine Befreiung ohne große Kämpfe. Hier ein zeitgenössischer Bericht:
„Zum Beschuss wurden glühende eiserne Kugeln in die Stadt geschossen, welche beim Einschlag in viele brennende Stücke zerfielen und umherflogen. In fünfzehn Minuten gab es neun Brände, ein Haus nach dem anderen fing Feuer bis die gesamte Stadt brannte. Für die preußischen Soldaten war Flucht unter Androhung der Todesstrafe verboten worden, dennoch drängten auch sie mit der vollkommen verängstigten Einwohnerschaft zu den geöffneten Toren hinaus. 270 flüchtende preußische Soldaten gerieten in Gefangenschaft und viele Einwohner wurden in den nächsten Tagen von österreichischen Soldaten misshandelt und ausgeraubt. Die grundlose Zerstörung der Stadt blieb der deutschen Bevölkerung für Jahrzehnte in Erinnerung.“

In Friedrichs Kernlanden tat sich etwas, das es bisher nicht gegeben hatte. Bedenken wir: Die absolute Monarchie mochte im 18. Jahrhundert diejenige Staatsform sein, die anstehenden Probleme zu lösen und wohl ein Übergang in jene Zeiten sein, die wir heute als die richtige bezeichnen. Aber mündige Bürger vermochte sie nicht zu formen, Bürger, die sich dem Staat oder einer Nation verpflichtet fühlten und nicht irgendeinem Herrscherhaus.

Ein Monarch wie Friedrich hätte demnach nicht beliebt sein können. Aber nun, im Jahr der Not 1757, nach der esten Niederlage des scheinbar unschlagbaren Feldherrn und dem Vorrücken ausländischer Armeen ins Innere Deutschlands hinein, stellten die Bewohner Preußens, der Mark, der Altmark, Pommerns, die Berliner und Brandenburger und auch die im Westen des verzettelten Staates einmal wieder alles auf den Kopf: Sie entdeckten den Patriotismus! Mochte er nun auf Friedrich gemünzt und ausgerichtet oder dem Staat und noch jungem Königreich gewidmet sein – sie brachten persönliche Opfer, die Friedrich ihnen nie abverlangt hätte.

Die Bewohner der genannten Länder und Städte, dazu Magdeburger und Halberstädter stellten auf eigene Kosten Landmilizen auf, schufen eine kleine Flotte in der Ostsee und spendeten Pferde, welche der Armee zugeführt wurden. Die Flotte in der Ostsee beunruhigte die bereits lustlosen Schweden. Die westlichen Besitzungen Preußens, die ein halbes Jahrhundert später ziemlich schimpflich gemeinsame Sache mit den Franzosen machen sollten, wiesen diese jetzt ab, verbargen königliche Einkünfte und jagten Deserteure der preußischen Armee zum Teufel oder zu ihren Einheiten zurück.

Also eine ganz neue Stimmung im Heiligen Römischen Reich Deutscher Nation? Durchaus! Sie explodierte aber erst nach der Schlacht von Roßbach – wie wir noch erleben werden.

Friedrich ist derweil unterschiedlicher Stimmung und schwankt, wie wir schon dargestellt naben, zwischen Depression und Euphorie. Er gestand:
„Das seind schwere Zeiten, weiß Gott, und solche beklummene Umständ, daß man grausam gelücke braucht, um sich aus all diesem durchzuwickeln.“
Verse dichten lenkt in ab und gibt ihm den Einfall, Freund Voltaire zum Marschall Richelieu und zur Pompadour zu schicken, einen Sonderfrieden mit Frankreich zu arrangieren.
„Mein Frankreich!“
Er begreift immer noch nicht, dass jenes Land seiner Lieblingssprache nun gegen ihn marschiert. Alle Vermittlungsversuche scheitern, Frankreich ist nicht von der Seite Österreichs fortzulocken.

Als die Franzosen frech geworden...

Wir müssen der französischen Nation, der reichsten und stärksten Europas, doch schon der großen Revolution zuwankend, noch ein paar Seiten widmen. Es war ein schwerer Schlag für Friedrich, seinen früheren Bündnispartner ins feindliche Lager überwechseln zu sehen.
„Sein Frankreich – mein Frankreich.“
Wir wissen, wie wenig er von den Franzosen selbst hielt, wie er ihre führenden Klassen verachtete. Und den Versailler Hof und seine Repräsentanten beiderlei Geschlechts, die sich auf Kosten der kleinen Leute mästeten. Er prophezeite ihnen später, die Quittung einst zu bekommen.

Ihm imponierte aber natürlich der Zentralismus des Staates und die Kultur dieser Nation, nicht nur, weil das in Deutschland Mode zu werden begann, sondern weil sie ihm angemessen schien und er die meisten ihrer Vertreter, die er kennenlernte, ihm sehr gefielen:

„Sein Voltaire – sein Marquis d'Argens – sein d'Alembert!"

Die französiche Sprache! Nur in ihr vermochte er sich gekonnt und weltmännisch auszudrücken, schriftlich wie mündlich, in Briefen, Gedichten und in allen seinen literarischen Werken. So ausdrücklich sogar, dass Zeitgenossen und Spätere ihn eher als Franzosen denn als Deutschen ansahen – beides war falsch: Er war ein Preuße.

Und jetzt Frankreich als Gegner! Dass diese Gegnerschaft keine völkische war, sondern ihre Ursache im Verhältnis Hof zu Hof hatte, wollen wir hier nicht ausbreiten. Für Ludwig XV. und seine Clique jedenfalls brach die Morgenröte all ihrer Hoffnungen an: Endlich wieder einmal einen Krieg ostwärts über den Rhein tragen zu können!

Und das noch mit der idealen Voraussetzung von Kaiser und Reich zu diesem Unternehmen gerufen zu sein – das hätte nicht einmal der Richelieu Senior hingekriegt! Ein Nachkomme dieses klerikalen Schlawiners sollte nun Friedrichs militärischer Gegenspieler sein.

Die Zeit schien im Sommer und Herbst 1757 günstig wie nie zu sein. Friedrich lag am Boden, wie alle jene glaubten, die sich für militärische Kenntnisse stark machten, und es bedurfte nur noch ein paar Tritte in einen preußischen Hintern, um den Inhaber desselben nicht wieder auf die Beine kommen zu lassen. Friedrich wusste, dass man nun Ernst machen wollte, konnte sich aber immer noch nicht daran gewöhnen, Franzosen als Feinde zu betrachten. So ließ er wieder jene Diplomatie spielen, mit der er bereits vor dem Krieg Schiffbruch erlitten hatte: Anbahnung direkter Verhandlungen mit dem französischen Hof. Wie wäre es mit einem verbindlichen Brief an den Herzog Richelieu? Zwar verwüsteten soeben seine Truppen die hessischen und hannoverschen Lande, aber er schien ein wenig entschlossener Feldherr zu sein, der den Eindruck machte, mit den Maßnahmen seiner Regierung nicht immer ganz einverstanden zu sein. Gedacht – getan!

Friedrich konnte in Brieftexten der scharmanteste Monarch der Welt sein, selbst bei Übersetzungen ins Deutsche klingt das voll durch. Wir bringen hier zwecks Beweises unserer Behauptung den deutschen Text des Briefes an Richelieu in voller Länge.

„Rötha, den 7. September 1757.
Ich sehe wohl ein, Herr Herzog, dass Sie nicht um Unterhandlungen zu pflegen an Ihren jetzigen Posten gestellt sind. Nichtsdestoweniger bin ich überzeugt, dass der Neffe des großen Kardinals Richelieu so gut dazu geschaffen ist, Verträge zu unterzeichnen als Schlachten zu gewinnen. Ich wende mich an Sie infolge der Hochachtung, die Sie selbst denjenigen einflößen, welche Sie nicht persönlich kennen.

Es handelt sich nur um eine Kleinigkeit, mein Herr: nämlich Frieden zu machen, wenn man dazu geneigt sein sollte. Ihre Instruktionen sind mir zwar nicht bekannt: aber in der Voraussetzung, dass der König, Ihr Herr, von der Schnelligkeit Ihrer Fortschritte versichert, Sie in den Stand versetzt haben mag, an dem Frieden Deutschlands zu arbeiten, sende ich Ihnen hier den General von Elchetet, dem Sie sich völlig vertrauen können.

Obgleich die Ereignisse dieses Jahres mich nicht hoffen lassen, dass Ihr Hof noch einige günstige Gesinnungen für mich hege, so kann ich mich doch nicht überreden, dass eine sechzehnjährige Verbindung nicht einige Spuren in den Gemütern zurückgelassen haben sollte. Vielleicht urteile ich von anderen nach meiner Empfindung. Dem sei aber wie ihm wolle, so wünsche ich mein Wohl lieber dem König Ihrem Herrn, als irgend einem anderen auzuvertrauen. Haben Sie, mein Herr, keine Verhaltungsbefehle für die Vorschläge, welche ich Ihnen mache, so bitte ich Sie, diese einzuholen und mich davon zu unterrichten.

Wer Bildsäulen in Genua verdient hat, wer ungeachtet der größten Hindernisse die Insel Minorka erobert hat und im Begriff ist, Niedersachsen zu unterwerfen, - kann nichts Glorreicheres tun, als Europa den Frieden zu verschaffen. Gewiss wird dies der schönste Ihrer Lorbeeren sein. Arbeiten Sie daran, mein Herr, mit jener Lebhaftigkeit, die sie solche rasche Fortschritte hat machen lassen, und seien Sie versichert, dass Ihnen niemand mehr Dank dafür wissen wird, als, Herr Herzog, - Ihr getreuer Freund, - Friedrich.“

Die Antwort Richelieus war natürlich ebenso höflich gehalten, aber, weil er keine Vollmacht besaß, musste er auf seinen Chef verweisen, der wiederum von seiner Chefin abhängig war, der Edelkokotte Madame Pompadour. Hier, im Plüsch, Kitsch, Gold, Flitter und Puder einer Zeitendämmerung, an deren Morgenröte die Guillotine lange Schatten werfen wird, hier trat der Herzog mit der Weiterleitung des Briefes nicht in die sprichwörtlichen Nesseln, sondern verursachte auch Hohngelächter und spöttisches Kopfschütteln. Denn zeitgleich lief in Versailles ein weiterer Vermittlungsversuch Friedrichs ein, an dem der Reichsgraf von Wied und die umtriebige Schwester Wilhelmine beteiligt waren. Zu allem Überfluss und wohl auch Unglück mischte außerdem Frankreichs Doppelzüngler mit, dem keine Seite recht trauen mochte: Friedrichs Dichtergenosse und Briefspezi Voltaire.

Man stelle sich nun mit einiger Fantasie folgende Szenerie vor: Frau Pompadour lümmelt sich auf ihrer Chaiselongue (ein Sofa), der König hockt bei ihr, Staats- und Außenminister stehen in der Runde, und sie allesamt besprechen Friedrichs Eingabe und Vorschläge. **Müssen** sie nicht lachen! Triumphieren, sich Hände reiben, auf die Schenkel klopfen und fröhliche Veitstänze veranstalten! Kann Friedrich allen Ernstes gedacht haben, mit seiner Art von Politik hier Eindruck zu machen? **Mussten** seine Friedensbemühungen nicht zum Ausdruck bringen, dass er sich schwach fühle, geschlagen bereits und am Ende seiner Möglichkeiten?

Über Richelieu, der Friedrichs Unterhändler in Eichstett empfing, kam die Antwort Ludwig XV., die gar nicht anders ausfallen konnte: Er habe sich als Bürge des Westfälischen Friedens von 1648 mit Schweden und Österreich verbündet und könne separat nichts unternehmen. Wenn Preußen den Frieden wünsche, werde Frankreich entsprechende Vorschläge erwarten, aber es müsse klargestellt werden, dass Österreich nur gegen die Abtretung Schlesiens in Friedensverhandlungen einwilligen werde.

Klar und aus für Friedrich! Hatte er tatsächlich anderes erwartet? Wohl nicht. Am 17. Oktober schreibt er an Wilhelmine:

„Keine Krone, liebe Schwester, und keinen Thron möchte ich mit einer Niederlage erkaufen. Lieber gehe ich hundertmal zugrunde, dass ich zeitlebens eine einzige beginge! Da die Franzosen so stolz sind, überlasse ich sie ihrem verderbten Sinn. Ich bin jetzt in vollem Marsch, um das Antlitz des Schicksals bis Dezember zu wandeln.“

Dass Meister Voltaire ihn zum Nachgeben überreden wollte, verdross Friedrich sehr. Voltaire schlug vor:

„...dass man von einem Philosophen heutzutage den Römertod nicht mehr erwarte; dass Euer Majestät im schlimmsten Fall noch ansehnliche Staaten übrigbehalten würden, und zwar alle, die Ihr Urgroßvater besaß, nebst genügend Hilfsquellen; dass in der Pariser Gesellschaft eine achtungswürdige Minderheit noch jetzt eine hohe Meinung von Ihnen hegt; dass in Paris selbst Euer Majestät Hilfsquellen haben würden...“

Diesen Vorschlägen, die Friedrich infam findet, antwortet er als derjenige, der er nebst Feldherr war – als Philosoph:

„Je suis homme, il suffit, et né pour la souffrance; aux rigueurs du destin j'oppose ma constance – Ich bin ein Mensch und daher zum Leiden geboren, den Schlägen des Schicksals setze ich ich meine Standhaftigkeit entgegen."

„De lui faire une espèce de guerre… »
Frankreichs Generale wollten nicht mehr warten und dem « petit Marquis de Brandebourg" die Ehre erweisen, „eine Art Krieg gegen ihn zu führen."
„Pah, sind wir nicht über 50.000, lasst uns dem Ding ein Ende machen!"
Dazu wurde es auch nach Friedrichs Ansicht Zeit, obwohl es noch nicht seine Lande waren, die ausgeplündert wurden. General St. Germain berichtet:
„Das Land ist auf dreißig Meilen in die Runde geplündert und verheert, wie wenn das Feuer des Himmels darauf gefallen... Ich führe eine Bande von Räubern, von Mördern zum Rädern, die beim ersten Flintenschuss davonlaufen würden und stets zur Meuterei bereit sind. Wenn der Hof nicht das Messer an die Wurzel legt, so muss man auf den Krieg verzichten."
Nicht nur dieser General war vernünftig, auch in Versailles hatte Minister du Verney den Unfug der Zerstörungen bemängelt, gleichzeitig aber Richelieu ermahnt, nicht so langsam und träge zu operieren. Der Hof in Versailles hatte schließlich einen Termin gesetzt: Belagerung Magdeburgs im Mai 1758, wohin der Berliner Hof bereits geflohen war.

Die Mithilfe Frankreichs an der Niederwerfung Preußens würden Österreich und das Reich allerdings honorieren müssen, denn nirgendwo gibt es Hilfe umsonst: Mit der Errichtung der Rheinlinie als Grenze – Wunschtraum jenseits, Alptraum diesseits – des Stroms. Die Äußerungen koketter Pariser Damen, wenn man Friedrich finge, „würden sie endlich einen richtigen König sehen", sind jedoch nicht verbürgt, passen aber in die Stimmung der Zeit. Wie „frech“ die Franzosen wirklich waren, dokumentiert die königlich-preußische Antwort auf das kaiserliche Kommissionsdekret wegen der Schlacht bei Roßbach. In ihr heißt es:

„In Weischütz hat müssen der dasige Pastor M. Schren, einem französischen Obersten, da er hat wollen aufs Pferd steigen, einen so genannten Bock stehen, und ist er von ihm aufs Pferd gestiegen. In Zeugfeld, Brandrode und vielen Orten, sind die Altäre, Kirchstühle und Kanzeln zerhauen und ruinirt. In Braumersrode haben sie sogar die Kelche und Sacra verunehret, und, wovor jeder einen Abscheu trägt, zur Nothdurft gebraucht und wieder auf den Altar gesetzt. Dieses Alles geschahe meist vom 23sten bis 31sten October, also vor der Bataille.“

Einer der deutschen Anführer Hildburghausens schreibt Ende September an den Vizekanzler Colloredo in Wien:

„...daß sie die Särge der Todten aufgerissen und die halb verfaulten Leiber herausgeworfen haben, in der Meynung, daß Geld darin verborgen wäre, lutherische Kirchen mißhandelt, derley Bücher und Bibeln zerrissen und unglaubliche Gottlosigkeiten begangen haben, wie denn auch schon einige von den Landleuten blessirt und todtgeschossen und einige Frauen von Adel mißhandelt worden.“

Das Weißenfelder Kreisblatt berichtet vom Übermut der französischen Offiziere:

„...brachte der General Adjutant der H. von Marschall an, daß der H. General zu Mittage mit denen H. Ober Offizieren nach Mittags in Gasthoff speisen würde, dieses hätte der Rath und insonderheit, das guter Wein angeschaffet werde, zu besorgen, zu letzterem H. Baumeister Engel sich offeriret, daß er Ungerischen Wein in Gasthoff schicken wolle. Nachmittags um 12 Uhr meldeten sich etliche Officier, klagten über das schlechte Eßen in Gasthoff, der Wein sey gar nichts nuz, es müßte rein Wein seyn. Man sendete

gleich einen halben Eymer Francken Wein in Gasthoff, welcher aber auch als Untaugbar zurückgesendet worde, gleich darauf kammen wieder etliche Officier, und verlangten unter Bedrohung von Rath Rhein Wein, auf beschehene Vorstellung, daß solcher hier zu schaffen unmöglich, trangen selbige mit Gewalt und Ungestüm auf die Herren Bürgermeister, und beängstigten solche unter Fluchen und Anzüglichen reden dermaßen, daß sie fast nicht zu bleiben wusten, endlich haben der H. Obriste von Sterinstein 6 Bouteillen Rhein Wein übersendet."
War es der Bevölkerun zu verargen, dass sie sich nach Befreiung von derlei Drangsalen sehnte? Diese Befreiung konnte nur von König Friedrichs Preußen kommen!

Die militärische Lage bis Anfang November

Friedrich war auf der Suche nach seinen Feinden! Er spielte den Zyniker und Spötter, was ihm ja leichtfällt, und schrieb an Schwester Wilhelmine in Bayreuth:
„Die französische und Reichsarmee ist für uns ein geistiges Wesen, viele Leute behaupten, sie gesehen zu haben aber gibt es nicht auch Leute, die Erscheinungen gehabt haben wollen? Ich würde an der Existenz dieses Heeren zweifeln, wenn ich hier zu Lande Pferde gefunden hätte; die aber gibt es nicht. Irgendjemand muss sie gestohlen haben, und dieser Jemand muss notwendigerweise dies unsichtbare Heer sein. Man sagt mir gegenwärtig, dass die ganze Gesellschaft nach Eisenach marschiert ist. Man wird abwarten müssen, ob sie dort stillhalten. Schließlich, meine teure Schwester, werden die Lorbeeren, die wir bei diesem Feldzug gewinnen, nur von Flitter sein."
Aus Leutmeritz schreibt Friedrich an den Marquis d'Argens:

„Sehen Sie mich, mein lieber Marquis, als eine Mauer an, auf welche seit zwei Jahren durch das Missgeschick Bresche geschossen wird. Ich werde von allen Seiten erschüttert. Häusliche Unglücksfälle, geheime Leiden, öffentliche Not, neu bevorstehende Plagen, das ist mein täglich Brot. Glauben Sie aber nicht, dass ich nachgebe. Lösten sich alle Elemente auf, so würde ich mich unter ihren Trümmern mit kaltem Blut begraben, mit dem ich Ihnen jetzt schreibe, In so heillosen Zeiten muss man sich mit Eingeweiden von Eisen und einem ehernen Herzen versehen, um alle Empfindsamkeit loszuwerden. Jetzt ist es die des Stoizimus."
Seinem Vorleser klagt Friedrich:
„Oft möchte ich mich berauschen, um meinen Kummer zu ertränken, aber da ich nicht trinken mag, so zerstreut mich nichts als Versemachen, und solange diese Ablenkung währt, spüre ich mein Unglück nicht. Das hat mir den Geschmack für die Poesie wiedergegeben, und so schlecht meine Verse sein mögen, sie leisten mir in meiner traurigen Lage den größten Dienst."

Der englische Gesandte Andrew Mitchell, der sehr vertraut mit Friedrich und viel mit ihm zusammen ist, berichtet nach Hause:
„Ich fürchte, die Franzosen und Österreicher werden bis Weihnachten nicht bloß im Besitz von Berlin, sondern des größten Teils der preußischen Erblande sein. In dieser äußerst gefahrvollen Lage: Was kann England für den König von Preußen tun? Frankreich, und Frankreich allein kann ihn retten, und gleichwohl, so ist nun sein Sinn, und so stark ist seine Erbitterung, dass er entschlossen scheint, lieber jegliche Gefahr zu laufen als sich von Frankreich retten zu lassen."
(Es muss erwähnt werden, dass England sich nun nach vielem politischen Hin und Her für diesen Festlandkrieg

auf Friedrichs Seite geschlagen hat. Das hält ihm den Rücken frei.)

Alles Briefeschreiben und Dichten konnte Friedrich nicht darüber hinwegtäuschen, dass seine Lage äußerst ungemütlich war und sich täglich verschlechterte. Erinnern wir uns: Er war der Draufgänger, der von Schlacht zu Schlacht eilen musste, wollte er der feindlichen Koalition, die es nie eilig hatte und an einer Verlängerung des Krieges interessiert war, ein paar tüchtige Nackenschläge versetzen. Denn je weiter in dieser Jahreszeit eine Schlacht vor sich hergeschoben wurde, desto mehr verstärkte sich der Feind.

Bedrohliche Meldungen kamen aus Bayern und Württemberg, deren Kurfürst und Herzog ihre Truppen aushoben und zur österreichischen Armee stoßen ließen. Das alles fand unter unwürdigen Verhältnissen statt, und Friedrich grollte mit Recht seinen Standesgenossen, die sich an Frankreich verkauften: Sich und ihre Truppen natürlich, und das gegen den offenen Widerstand ihrer Untertanen.

Karl Eugen von Württemberg hatte bereits 1753 einen Subsidienvertrag mit Frankreich geschlossen, der ihn verpflichtete, sechs Jahre lang 6.000 Infanteristen zu stellen. Der evangelische Teil der Bevölkerung, der mit den gleichgläubigen Preußen sympathisierte, protestierte energisch und ließ sich auch durch Zwangsmaßnahmen wenig schrecken. Offene Meuterei brach aus, als 4.000 mühsam zusammengekratzte Soldaten in Stuttgart ihre Musterung vor französischen Kommissaren zu bestehen hatten: Die Männer schrien etwas von „verkaufen“ und feuerten in der Tat, - eine für Deutschland seltene Widersetzlichkeit -, auf ihre Offiziere, die sie beruhigen wollten und aufzuhalten gedachten.

Nicht 1.000 Man blieben zurück, zahlreiche zogen zum preußischen Freibataillon Mayr, das wir in den Aufstellungen bereits kennengelernt haben. Der bayerische Kurfürst

Maximilian Josef, verarmt und Chef eines ausgesaugten Landes, machte erst 1757 seinen Vertrag mit Frankreich, wonach Kurbayern im Kriegsfall, auch gegen seine Landsleute, 10.000 Mann zu stellen hatte. Nur 6.000 waren dem Land möglich, welche an die verschiedenen Armeen, die gegen Friedrich zu fechten hatten, jetzt abgingen.

Es ist an der Zeit, den schon erwähnten Begriff „Freibataillon“ zu erklären. Ein Lexikon nimmt uns diese Arbeit ab:
„Freibataillone auch Frei-Infanterie waren in der zweiten Hälfte des 18. Jahrhunderts selbständige militärische Verbände, die unabhängig von den in starrer Lineartaktik kämpfenden Armeen als leichte Truppen operierten. Sie sind zu unterscheiden von den Freikorps.“
Johann von Mayr, geboren 1716, gestorben 1759, auch Mayer und Meyr gesschrieben, war Chef eines preußischen Freibataillons, das während dieses Krieges ab 1756 an der südlichen Front des preußischen Heeres tätig war. Dieser Tausendsassa kämpfte in den Türkenkriegen 1736 bis 1739 mit und 1741 bei Mollwitz. In der ersten Schlacht von Prag geriet er als Feldwebel in französische Gefangenschaft, aus der er dann entlassen wurde. Danach war er Offizier in bayerischen und sächsischen Diensten. 1745 kämpfte er in der Schlacht von Kesselsdorf als Dragonerleutnant. Von 1746 bis 1748 kämpfte er unter General Batthyány in den Niederlanden. Nach einem Duell musste er ausscheiden und ging erst in russische, dann preußische Dienste.

Als Oberstleutnant errichtete Mayr 1756 in Freiberg das Hauptquartier seines Freibataillons. Dieses wurde zum Teil aus Arbeitslosen zusammengestellt. Bekannt wurde es durch den erfolgreichen Vorstoß nach Franken im Frühjahr 1757. Es verfügte dabei über 1.500 Mann Fußvolk, 300 Husaren und 5 Kanonen, machte aber den Eindruck, die Vorhut einer kompletten Armee zu sein und schuf große Unruhe und Unsicherheit – denn plündern und Beute machen war die Hauptbeschäftigung dieses Bataillons. Weil es sich auch in der kommenden Schlacht auszeichnete, ließ Friedrich es gewähren – obwohl es ihm natürlich nicht „ganz koscher“ vorkam.

Viel Feind – viel Ehr? Solch einen Unsinn dachte Friedrich nicht. Schon nach der Schlacht von Prag hatte es ihn jedoch gejuckt, es den deutschen Fürsten einmal zu zeigen, dass man ihn nicht ungestraft provozieren dürfe. So hatte Friedrich nichts dagegen, dass der famose Oberst Mayr die Gegenden Süddeutschlands bis Bamberg und in die Oberpfalz hinein durchzog und dermaßen plünderte und brandschatzte, dass die schockierten Herren glauben mussten und sollten, die preußische Armee habe die Franzosen und Österreicher so total geschlagen, dass sie in Deutschland ungestört hin und zurück marschieren könne. Prompt erklärten die geschädigten Potentaten, in keinem Krieg mit Preußen verwickelt zu sein.

Weil Friedrich sich nicht klar war, wo und wen er zuerst angreifen sollte und wer ihn wo zuerst angreifen würde, sah er sich zu der von uns bereits dargelegten Zersplitterung seiner Streitkräfte gezwungen. Dies passte seinen Gegnern ins Konzept, falls sie eines aufgestellt haben sollten. Und so wuchs in ihnen der Gedanke zu einem Buben- und Handstreich, ausgeheckt von Karl Alexander von Lothringen, den Befehlshaber der kaiserlichen Truppen in Schlesien, eines seiner Freibataillone unter dem Motto loszuschicken:

„Was Friedrich kann, können wir besser.“

Und so kam es, was wir schon vorher berichtet haben: Zur Eroberung Berlins durch ein kroatisches Freibataillon unter dem General Hadik am 16. Oktober. Weil dieses Unternehmen soviel Aufsehen erregte, widmen wir ihm jetzt ein eigenes Kapitel.

Der Berliner Husarenstreich

Er basierte keinesfalls auf einem spontanen Einfall, wie seine Initiatoren es damals einem aufhorchenden Europa weismachen wollten. Der kaiserliche Feldmarschall-Leutnant Reichsgraf Andreas Hadik von Futak lagerte im Herbst 1757 mit einer kleinen Truppe in Radeburg. Sowohl die Preußen als auch die kaiserlichen Truppen waren allesamt ziemlich weit entfernt. Hadik kalkulierte:
„Der Weg nach Berlin steht jetzt frei.“
Aber er ließ wie immer eine gründliche Aufklärung durchführen und behielt vorerst seinen Plan den Truppen gegenüber geheim. Dieser sah von Anfang an einen Handstreich mit nur kurzem Aufenthalt, dem Verbreiten von Schrecken und das Abkassieren einer Brandschatzung vor. Am 10. Oktober versammelte Hadik ein Korps im sächsischen Elsterwerda. Es wurde schließlich 900 Mann Infanterie, 2.100 Mann Grenztruppen, 1.000 Kürassiere und 1.100 Husaren stark. Sie wurden von 6 Geschützen begleitet. Da kann man tatsächlich nicht mehr von einer Horde sprechen! Für eine ausreichende Rückendeckung wurde gesorgt, weil man um die Marschschnelligkeit preußischer Infanterie und ihrer Kavallerie wusste.

Ein Sturm der Stadt sollte möglichst vermieden werden. Mit 3.500 Mann brach Hadik am 11. Oktober auf und erreichte über Dobrilugk am nächsten Tag Luckau. Unterwegs wurde eine Abteilung abgezweigt, um in der Umgebung Steuern einzutreiben. Die Hauptmacht unter Hadik selbst marschierte über Lübben in Richtung der Spree und kam am 15. in Königs Wusterhausen an. Kein Mensch der betroffenen Bevölkerung scheint auf den Gedanken gekommen zu sein, wem das plötzliche Auftauchen von Feinden, - wurden diese überhaupt als solche erkannt? -, denn galt und eventuell nach Berlin zu eilen und Alarm schlagen zu lassen.

So erreichte Hadiks Truppe, noch in der Nacht von Königs Wusterhausen aufbrechend, am 16. durch den königlichen Forst das Schlesische Tor von Berlin. Er nutzte den schon von der Antike her bekannten „Lagerfeuertrick“ aus und ließ in der Umgebung eine Menge solcher Feuer anzünden und unterhalten. Man verblieb sonst höflich wie in diesem Zeitalter üblich und schickte am Tagesbeginn einen Trompeter in die Stadt, der 300.000 Taler Brandsteuer einfordern sollte. Doch der Berliner Magistrat durfte und konnte nicht verhandeln, weil die Stadt auf Dauer des Krieges einem Militär-Gouverneur unterstand. Hadik wollte und konnte natürlich nicht warten und sich auf Verhandlungen einlassen, und so wurde gestürmt. Zuerst das Schlesische Tor und gegen zwei preußische Bataillone, die in der Louisen-Vorstadt Stellung bezogen hatten. Sie wurden von Hadiks Übermacht völlig aufgerieben. Noch einmal wehrte sich in der Nähe des Kottbuser Tores eine Abteilung preußischer Infanterie von 300 bis 400 Mann, dic zum größten Teil gefangengenommen wurden.

Inzwischen waren die Königin und der Staatsschatz in die Festung Spandau verbracht worden, und um einer Plünderung zu entgehen, zahlte die Stadt eine Kontribution von 200.000 Talern und an Hadiks Truppe zusätzlich zur sofortigen Verteilung 25.000 Taler. Noch einmal davongekommen! Fürst Moritz von Dessau war mit starken Truppen nur noch zwei Stunden entfernt, da hieß es schleunigst Reißaus nehmen.

Das GStW äußerte sich später zu diesem Vorfall:

„...Das Unternehmen hatte kaum militärische Bedeutung, es verschaffte aber durch seine moralische Wirkung den Österreichern einen wichtigen Erfolg, zeigte sich doch, dass die Preußen nicht unverwundbar waren. Die preußische Bevölkerung wurde verunsichert und musste nun jederzeit mit derartigen Streifzügen rechnen. Schließlich war die ungenügende Sicherheit der Hauptstadt offenbar geworden. Die Garnison, unter einem ungeeigneten Kommandanten, hatte versagt..."

Maria Theresia im fernen Wien frohlockte und schickte dem erfolgreichen General folgendes Schreiben:
„Wir haben Dir andurch unsere ob der von Dir so klug und wohl ausgeführten Unternehmung gegen Berlin geschöpfte gnädigste Zufriedenheit, und dass uns die hierbei von den Generalen, Officiers und Gemeinen nicht nur erwiesene standhafte Tapferkeit, sondern auch der von letzern in sothaner occasion bezeigte blinde Gehorsam und eingezogenem Betragen zu ausnehmenden Wohlgefallen gereiche, zu erkennen zu geben, das Vergnügen machen zu wollen und beziehen uns das Weitere auf jenes, was wohl dir, als unserm Oberstfeldzeugmeister Baron Marschall durch unsern Hofkriegsrath diesfalls zukommen wird. Dir mit kaiserlich-königlicher Huld und Gnade gewogen bleibend."
Dieser äußerst verklausulierten „Gewogenheit" folgte umgehend das Großkreuz des Maria Theresia-Ordens...

Weiter mit der militärischen Lage bis Anfang November

Wären die kaiserlichen und Reichsvölker „auf Zack gewesen", wie man in Berlin sagte, hätten sie ihrerseits die einzelnen Korps der Preußen abfangen und wohl schlagen können. Doch das klappte nicht, es mangelte an Zusammenarbeit, wie Hofmarschall Khevenhüller in Wien lamentierte:
„Die kombinierte Armee im Reich ware zwar über die Saal gerucket und gegen die Elbe avancieret, um von dem Mouvement, so der König gegen Berlin tate, zu profitieren und sich nach beschehener Konjunktion mit dem Korps des Generalen Marschall der Stadt Dresden zu nähern und den

Feind daraus zu delogieren; allein weilen die Franzosen teils aus Mißtrauen gegen die Reichstruppen, teils wegen Abgang der Artillerie und anderen Bedörfnussen ihrerseits nicht mit genugsamen Nachdruck zu Werk gegangen, kunnte der so aktive König annoch die Zeit gewinnen, die gegen Berlin detachierte Korps wieder zusammenzuziehen und die Operation der erst in Anruck begriffenen und noch nirgends recht festgesetzten französischen und Reichsarmee zu zernichten."

Am 24. Oktober versuchte Soubise einrn Handstreich, indem er ein kleines Korps nach Leipzig schickte, das von Marschall Keith mit einer schwachen Abteilung verteidigt wurde. Diese wurde zur Übergabe aufgefordert. Keith ließ in echt friderizianischen Tönen mitteilen, man würde sich lieber unterm Schutt der Stadt begraben lassen. Aber um dies zu vermeiden, fiel ihm ein echt schottischer Trick ein. Er ließ den Magistrat der Stadt rufen und eröffnete ihm seinen Plan:
„Der Prinz von Hildburghausen hat mich zur Übergabe auffordern lassen. Ehe ich aber eine solche Niederträchtigkeit begehe, will ich lieber den letzten Mann und mich selbst aufopfern, wenn auch Leipzig darüber zu Grunde gehen sollte. Ich muss Ihnen daher eröffnen, dass, wenn der Feind die mindeste Bewegung macht, mich anzugreifen, ich sogleich alle Vorstädte werde in Brand stecken lasse. Zwar ist es mir höchst unangenehm, Ihnen diese Kränkung machen zu müssen, und ich würde sie Ihnen gerne ersparen, wenn nicht die Lage, in der ich mich befinde, einen solchen Entschluss von mir forderte."
Diese Drohung half. Unverzüglich machten sich die Herren, mit Geschenken beladen, zu den Belagerern auf, die prompt solange untätig blieben, bis Friedrich zum Entsatz erschien.

Ab Mitte September kam Bewegung in die kuriose Situation. Franzosen und Reichsvölker vereinigten sich bei Eisenach, Friedrich ritt am 15. in Begleitung eines Dragoner-Regiments nach Gotha, um das dortige Herzogpaar zu besuchen. Ein Zeitgenosse hat uns eine der besten Beschreibungen Friedrichs hinterlassen:
„Es dünkte uns, wir sähen äußerlich in seiner Gestalt alles das ausgedrückt, was er innerlich in seiner Seele ist: das Feuer des Helden, die Bedachtsamkeit des Heerführers, die Verschlagenheit des Staatsmannes, den Verstand des Weltweisen, den Geist des Dichters, den Ernst des Herrn, der Gehorsam fordert, die Gefälligkeit des Gesellschafters, den Witz des Spötters. Das alles fanden wir unserer Meinung nach in den Gesichtszügen dieses Königs, wo ein Paar der schönsten, großen, blauen Augen voll Glanz und Lebhaftigkeit, eine gerade, scharf und wohlgebildete Nase, ein vollkommen freundlicher und, wenn er spricht, mit lauter Geist erfüllter Mund selbst mit denen zwei bedenklichen Lineamenten, welche die Stirn zwischen den Augen bezeichnen, in der Zusammensetzung die regelmäßigste und angenehmste menschliche Bildung ausmachen, die man nur sehen kann. Auch die fast weniger als mittelmäßige Größe des Leibes schien uns einen, dem Dienst einer tätigen und wirksamen Seele anzuzeigen, ja sogar dessen unruhige und etwas gezwungene Stellung ihn so wenig zu verunzieren, als ehemals der seitwärts gebogene Hals eines Alexander. Seine Gesichtsfarbe und die Beschaffenheit seiner Kleidung und Wäsche bestätigen, was der Ruf von ihm sagte: daß er im Felde sich im geringsten nicht mehr Bequemlichkeit macht als der niederste seiner Offiziere.“

Friedrichs Aufenthalt in Gotha sollte nicht ohne Folgen bleiben. Denn kaum war er in sein Hauptquartier bei Erfurt zurückgekehrt, nur Seydlitz ließ er mit einer kleinen Abteilung bei Gotha stehen, als Hildburghausen eine gewaltige

Erkundung veranstalten ließ, weil Gerüchte von der Anwesenheit der kompletten preußischen Armee die Runde machten. Soubise stimmte diesmal zu und schon erschienen am 18. September 10.000 gemischte Kriegsvölker vor der Stadt. Seydlitz, eben kein Tollkühner, wich zurück, zumal Laudon mit seinen ungefähr 4.000 Kroaten mit von der Partie war. Es wird berichtet, dass sich die gesamte Generalität der Verbündeten schnurstracks zum Schloss begeben habe, um zu Frühstücken. Ganz klar und sehr natürlich: An Lebensart waren sie Friedrich und seinen Preußen weit voraus und nicht gesonnen, die liebens- und lebenswerten Seiten eines Krieges zu missachten. Man kann sicher sein, dass alles mit größter Höflichkeit und Koketterie stattfand, höchstens dem Herzogpaar mochte sauer aufstoßen, dass es statt Friedrich nun seine Widersacher beköstigen musste.

Manche Happen staken noch auf den Gabeln, mancher Bissen noch im Hals, Weingläser wurden soeben erhoben, Trinksprüche angesetzt – da brach das Unheil herein! Seydlitz, eben noch kein Tollkühner, war nicht gesonnen, Gotha den Feinden zu überlassen und hatte etwa 1.900 Kavalleristen gesammelt, darunter das Dragoner-Regiment, das Friedrich heimgeleitet hatte. Er ließ sie absitzen, sich wie Infanteristen aufstellen und schickte einen Scheinüberläufer in die Stadt, der das Gerücht verkünden sollte, der preußische König rücke mit seiner ganzen Armee an. Der clevere Trick klappte über alle Maßen. Laudons Kroaten gaben zwar eine Salve ab, aber auch Fersengeld. Seydlitz' Husaren jagten nach dem Aufsprengen zweier Tore wie die Verrückten durch die Stadt und machten 100 Gefangene, nicht einmal alle Generale konnten entkommen. Allein Friedrichs Name, hieß es, jage sie alle in die Flucht. Die Berichte über diese Flucht klingen abenteuerlich:

„Zu Ross und Wagen eilte alles zum Tor hinaus, Eisenach zu. Prinz Georg von Hessen jagte durch die Straßen, um die Offiziere zusammenzutreiben, die sich von ihren Quartieren entfernt hatten, bevor man abmarschieren konnte, um den vorausgeeilten Feldherren zu folgen. Welch ein Abstand von dem, was man früher gesehen hatte, als das kleine Häuflein Preußen ernst, und ruhig der Übermacht wich. Alles rafft seine Habseligkeiten zusammen und eilt den Toren zu, Equipagen, Reiter, Generale, Grenadiere, es gibt einen unbeschreiblichen Wirrwarr."

Und Beute wurde gemacht, dass die Preußen ganz außer sich gerieten: „Kammerdiener, Lakaien, Köche, Haarkräusler, Kommödianten, Mätressen und viele andere Dienstleute. Auch eine Anzahl von Equipagen waren von ihren Besitzern im Stich gelassen worden, und was da zum Vorschein kam, machte den preußischen Reitern verteufelten Spaß: Pudermäntel, Schlafröcke, Sonnenschirme, duftende Essenzen, Pomaden und all die Kleinigkeiten, die ein verwöhnter Versailler Hofmann auch im Feld nicht entbehren mochte."

Der Kontrast zu den Preußen ist beinahe noch heute nachvollziehbar, wenn man sich folgendes Hohngedicht der Zeit zu Gemüte führt:

„Die Witz- und Wortspieljäger sind fort mit einem Satz,
die Schwert- und Stulpenträger sie nehmen hurtig Platz;
der Seydlitz bricht beim Zechen den Flaschen all den Hals,
man weiß, das Hälsebrechen verstund er ebenfalls."

Seydlitz, durchaus noch nicht in aller Munde, schrieb an seinen König:

„Wie ihre Durchlaucht die Herzogin mir sagen, hat der heutige Vorfall vor den Prinzen Soubise wie auch der übrigen Generalité von Euer Königlichen Majestät Husaren und Dragoner eine so gute Idee gemachet, daß sie noch mit Lobeserhebungen beschäftigt waren, als sie auf das eiligste vom Schlosse und zum Tore hinaus mußten."

Und an den Prinzen Heinrich schrieb Seydlitz:
„Alles dieses ist in voller carriere von dem einen Stadt-Thor zu Litzen durch die Stadt bis zu dem anderen gejaget worden denen Frantzösischen Husaren welche die Arriére-Garde durch die Stadt machen wollten ist es hiebei übel ergangen und mancher Haarzopf von ihnen in der Goßen liegen geblieben.“
Gotha blieb preußisch besetzt, bis Friedrich seinen Seydlitz am 21. September nach Erfurt zurückbeorderte.

In den letzten Septembertagen ging Soubise wieder bis Gotha vor und traf sich dann mit Hildburghausen in Erfurt, das die Preußen verlassen hatten. Die beiden beschlossen den Abmarsch nach Langensalza, um ihren Verstärkungen näher zu sein. Friedrichs Hoffnungen auf ein entscheidendes Treffen sanken immer tiefer, keinesfalls durfte er sich verleiten lassen, seinen Feinden weiter nach Westen zu folgen. In diese Zeit fallen die bereits geschilderten Ereignisse um Berlin und Leipzig. Was war zu tun? Nichts hasste Friedrich mehr als aufgezwungene Untätigkeit und Ungewissheit über die Absichten seiner Gegener. Auch war ihm eine unbeschäftigte Armee äußerst unbehaglich, weil Soldaten verlottern und verschwinden konnten. Also was ist zu tun? Schlesien, das er zu befreien gedachte, schien aber noch mehr in Not zu sein, wenn er seine Gegner hier nicht zu schlagen vermochte.
„Diese vermaledeite Reichsarmee!“
Sie ist allein durch ihre Zahl, die sich täglich durch Zuzüge vergrößert, eine größere Gefahr als die Franzosen. Da empfing Friedrich von Keith die Meldung vom Vormarsch der Reichsvölker und Franzosen und fasste den endgültigen Entschluss, diese noch vor den Österreichern in Schlesien anzugreifen.

Am 28. Oktober war Friedrichs Armee vollzählig bei Leipzig versammelt; einschließlich der Absendungen unter Fürst Moritz und Herzog Ferdinand. Jetzt erwies es sich als vorteilhaft, dass die Stadt nicht von Keith an Hildburghausens Truppen übergeben worden war, denn Friedrich konnte ihr die 25 Geschütze entnehmen: zwölf 12-Pfünder, vier kurze 24-Pfünder, vier Haubitzen, zwei 10-pfündige und drei 50-pfündige Mörser – damit konnten tüchtige Kanoniere allerhand anstellen. Leipzig blieb mit dem Abrücken der Armee natürlich nicht ungedeckt, ein paar Bataillone standen dort und Truppen von Torgau rückten am 29. Oktober ein.

Am 30. Oktober marschierte die preußische Armee bis in die Nähe von Lützen, wo Friedrich sein Hauptquartier einrichtete. Der Plan für den nächsten Tag bestand darin, in zwei Partien über die Saale zu gehen, und zwar bei Weißenfels und Merseburg. Um 3 Uhr früh marschierte Friedrich selbst mit 14 Bataillonen und 35 Schwadronen mit elf der schweren Geschütze auf Weißenfels zu. Zu allem Ungemach eines solchen Zuges begannen nachts und im Morgengrauen die ersten der hier üblichen Herbstregenfälle und verwandelten alle Straßen und Wege in Schlammpartien heute kaum vorstellbaren Ausmaßes.

Wir sollten solchen Zuständen, die Mensch und Tieren das Äußerste an Erträglichem abverlangte, ein paar Zeilen widmen. Wir Heutige können uns nur schwer vorstellen, was damals bei ungünstigem Wetter, - damit waren stets Regenfälle gemeint -, „auf Straßen und Wegen losgewesen ist". Wer sich informieren möchte, möge sich jene Filmaufnahmen ansehen, welche bei russischen Schlammperioden zwischen 1941 und 1944 von der Wehrmacht gedreht wurden. Weil ja diese Zustände stets beide Seiten trafen, konnte eine Seite selten militärischen Nutzen daraus ziehen. Jetzt, auf dem Marsch nach Weißenfels, mochten die

Fußgänger noch einigermaßen durchkommen, aber die Gespanne der Kanonen und Fahrzeuge blieben im mehr als knietiefem Schlamm stecken und wühlten den Boden immer mehr auf.

Dadurch kamen Friedrichs Pläne ins Wanken. So beauftragte er Prinz Heinrich, im Zug für Ordnung zu sorgen und begab sich mit der Vorhut in Richtung Weißenfels weiter. Er wurde von den Grenadier-Bataillonen Lubath, Finck und dem unverwüstlichen Freibataillon Mayr begleitet. Es war Tagesanbruch, als sie vor Weißenfels anlangten. Die Stadt wurde von 15 französischen Grenadier-Bataillonen und vier Bataillonen der Reichsarmee verteidigt. Sie hatten den Befehl Hildburghausens, vor einem überlegenen Gegner zurückzuweichen. Das Auftauchen der Preußen hier kam überraschend, weil die flüchtigen Husaren des französischen Generals St. Germain abgedrängt worden waren und Nachrichten nicht mehr überbringen konntcn.

Städte wie Weißenfels, wie freilich größere auch, waren damals noch ummauert und mit Stadttoren sozusagen abgesichert. Diese wurden vor der Dunkelheit geschlossen und morgens wieder geöffnet und Tag und Nacht bewacht. Es gibt viele historische Geschichten, in denen Feinde durch Verrat eingelassen wurden und so eine gewaltsame Eroberung vermieden wurde. Weißenfels war jetzt also ungewarnt und Friedrich zögerte nicht, es durch das Bataillon Mayr und die Grenadiere angreifen zu lassen. Die Torwachen wurden entweder kurzerhand niedergemacht oder gefangen genommen, schon wandten sich die französischen Soldaten zur Flucht, kaum dass Prinz Hildburghausen und und Prinz Georg von Hessen-Darmstadt eine gewisse Ordnung aufrechterhalten konnten. Und sie schufen „verbrannte Erde“ – kein Begriff späterer Kriegszeiten! Um die Preußen an der Verfolgung zu hindern, wurde die vorbereitete Verbrennung der Brücke sofort in Gang gesetzt; etwas vorschnell, wie sich herausstellte, denn eigene Mannschaften saßen damit in der preußischen Falle. 300 Mann Reichstruppen wurden gefangen genommen.

Brücken zu verbrennen war damals leicht, weil sie meistens hölzern waren und mit Pulver und flüssigen Brennmitteln leicht abgefackelt werden konnten. Ebenso leicht waren sie wieder zu errichten, denn Holz gab es in der Nachbarschaft durchwegs genug und Zimmerleute gehörten zur Standardbesatzung der Armeen. Man muss sich aber vorzustellen versuchen, dass Flüsse, Bäche und Rinnsale damals erheblich breiter waren als heute, denn sie waren nicht eingeufert und wurden von breiten sumpfigen Flächen beiderseits eingerahmt. Das war beim Rhein Cäsars genauso wie bei der Saale Friedrichs. Wieviele Menschen beim Bau solcher Brücken ertrunken, mitgerissen und umgekommen sind, darüber schweigen alle Geschichtsbücher.

Friedrich ist in seinem Element: die Initiative zu besitzen und frei handeln zu können. Als die schwere Artillerie nachgekommen war, ließ er sie am Schloss auffahren und in die flüchtenden Gegner feuern. Sein Gegenspieler Hildburghausen war auch nicht faul und ließ auf dem linken Saaleufer ebenfalls seine Geschütze in Stellung gehen, um zu antworten. So entwickelte sich eine denkwürdige Kanonade, die bis zur Dunkelheit anhielt. Sie weckte das Gros der Reichsarmee, die nun aus ihren Quartieren rücken und sich bereitstellen musste; niemand wusste, ob sich heute noch eine Schlacht entwickeln würde. Doch die aktivierte Reichsarmee bezog in Markwerben und Burgwerben ihr Nachtlager. Friedrich blieb unter allen Sicherheitsvorkehrungen mit seiner Infanterie in Weißenfels, während die Kavallerie in den Dörfern ringsum kampieren musste. Die Husaren trabten zurück zu Marschall Keith, wo sie hergekommen waren.

Dieser war nach der Trennung von Friedrich nicht faul geblieben und mit 15 Bataillonen, 10 Schwadronen und 14 Geschützen, davon 12 12-Pfünder, früh auf Merseburg vorgerückt. Im Gegensatz zu Friedrich konnte er gegen diese Stadt nichts ausrichten, weil sie von den Franzosen mit 9 Bataillonen, zwei Schwadronen und starker Artillerie verteidigt wurde. Feste Städte waren für damalige Soldaten wichtige Stützpunkte, die, einmal gewonnen, niemand gern aufgab – in ihnen ließ sich in den zahlreichen Schlacht- und Marschpausen gut leben.

Heftiges Gewehr- und Kanonenfeuer schlug Keiths Truppen entgegen, als sie die Brücke nehmen wollten, um in die Stadt eindringen zu können, und prompt ging sie in Flammen auf. So besetzten die Preußen nur die am rechten Ufer des Flusses gelegene Vorstadt Neumarkt und quartierte sich hier und in den nahen Dörfern zur Nacht ein. Wer Wache schieben musste, verfluchte diesen Krieg wegen der lausigen Kälte der Novembernacht – „warum sind wir nicht, wie das bei den hohen Herren so üblich ist, längst in warmen und sicheren Winterquartieren?“

Die Quartiere! Im Zusammenhang mit ihnen hatte sich Friedrich einen Trick einfallen lassen, der seine ganze Schlitzohrigkeit unter Beweis stellt, aber auch beweist, wie harmlos sich die verbündete Armee bewegte und welche militärischen Waisenknaben ihre Anführer waren. Im Verlauf der letzten Wochen, immer wenn sie kantonierten (ihre Unterkünfte bezogen), mussten die preußischen Regimenter so oft wie möglich sowohl Unterkunft als auch Namen wechseln – zwecks Irreführung von Spionen, die jede Seite natürlich unterhielt. Es scheint, als wenn Hildburghausen und Soubise sich tatsächlich in der Stärke, genauer gesagt Schwäche von Friedrichs Armee haben täuschen lassen. Wenn Friedrich in einem ihm wohlgesonnenen Gebiet operierte, bekam er auch die frischesten Nachrichten über seine Kontrahenten auf den Tisch.

Am 1. November, noch deutete kaum etwas auf eine Schlacht hin, ging Keith, weil er bei Merseburg nichts ausrichten konnte, mit seiner Abteilung nach Halle, während Friedrich erst am 2. über die Saale ging, um sich am 3. östlich Freiburg mit Keith zu vereinigen. Um diese Zeit erhielten die Franzosen von der Armee Richelieus Verstärkung, nämlich 20 Bataillone und 18 Schwadronen unter dem Herzog Broglie. Sie lagerte mit den meisten Kräften in der Nähe von Reichardtswerben, Korbetha, Spergau, Fährendorf und Merseburg. Am 1. November rückte Soubise in ein Lager südwestlich Merseburgs, mit der Front nach Norden.

Inzwischen waren für Hildburghausen die Meinungsverschiedenheiten mit Soubise zum Dauerzustand geworden. Sie benahmen sich wie zwei Pferde mit zwei uneinigen Kutschern, statt sich, im Ziel ja einig, mit vereinten Kräften (viribus unitis) auf die Preußen zu werfen. In Wien, wo Hildburghausens Chefs saßen, wurde man über den Franzosen ungemein böse und begann am guten Willen und an der Zuverlässigkeit seiner Regierung überhaupt zu zweifeln. Richelieu war den Wienern sowieso nicht geheuer, weil er Sympathien für Friedrich zeigte und von ihm, - wohl nur ein gesteuertes Gerücht -, Schmiergelder angenommen habe. Kanzler Kaunitz schrieb Eilbriefe nach Paris und forderte Befehle für Soubise, seine Ängstlichkeit aufzugeben und endlich entschlossen gegen Friedrich vorzurücken. Dieses österreichische Verlangen wurde in Paris natürlich durchschaut: Reichsarmee und Franzosen sollten Friedrich in Sachsen und Thüringen binden, damit die Österreicher desto ungefährdeter in Schlesien vorgehen könnten.

Soubise bat am 1. November Hildburghause inständig, sich mit ihm bei Merseburg zu vereinigen, blitzte jedoch ab, weil dieser der Auffassung war, dass man sich weder bei Merseburg noch bei Weißenfels würde gegen Friedrich halten können. Lieber wäre ihm Freiburg, schon aus Gründen der Verpflegung, denn wieder mangelte es der Armee an Brot. Hildburghausen, er war ja amtlicher Oberkommandierender der kombinierten Armee und damit Soubises Vorgesetzter, schrieb am 2. November Briefe, über die Friedrich seine reine Freude gehabt hätte, wären sie in seine Hände geraten:

„Allein, wenn Sie Bewegungen, die ich für nachteilig erachte und Sie solche gegen meinen Willen machen, der ich doch die Ehre habe, hier zu kommandieren, und Sachen unternehmen, die ich missbillige, so trenne ich mich nicht von Ihnen, sondern Euer Durchlaucht verlassen mich."

Trotz dieser Warnung stellte Soubise seinen Chef vor vollendete Tatsachen. Nach einem Kriegsrat, der sich dafür aussprach, die Armeen bei Mücheln zu vereinigen, rückte er eigenmächtig dorthin ab und bezog das Lager mit der Front nach Norden, in Erwartung der Preußen von Halle her. Die an der Saale stehengebliebenen 16 Bataillone stießen zu ihm. Hildburghausen meldete ihm jedoch, die Preußen säßen in Weißenfels und würden dort wohl über den Fluss gehen. Als er am 2. November wohl oder übel folgte, kommentierte er die Anlage des Lagers mit einem verächtlichen „so konfus, dergleichen ich in meinem Leben noch keines gesehen."

Am 2. November also hatte sich die kombinierte Armee endlich vereinigt, doch Friedrich hatte noch immer nicht zu fürchten, dass sie ihm auf den Hals gehen würde. Warum Hildburghausen, er schrieb es gleichentags noch an seinen Kaiser, am meisten grollte, war der Umstand, dass die Brotknappheit nicht aus organisatorischen Gründen entstanden war, sondern weil die Franzosen das Land über alle Gebühr ausplünderten.

Friedrich hatte, weil sich die abgebrannte Brücke nicht rasch wiederherstellen ließ, unterhalb von Weißenfels mehrere Übergänge aus Fähren, Booten und Flößen errichten lassen und marschierte mit 7 Bataillonen und 15 Schwadronen ab, längs der Saale nach Oeglitzsch, Delitz und Groß-Pörsten. Die meiste Sorge bereitete ihm, keine Nachricht von Keith zu haben, was der machte, wo er sich aufhielt; das war ganz ungewöhnlich für Friedrich. In seinem drolligen Deutsch wandte er sich an den Fürst Moritz:
„Schaffen Sie Mihr, ich bitte ihnen, Nachricht von Keit, ich weis noch nichts von ihm. Wan da was ist geschossen worden so Müsen Sie was davon gehöret haben, Suma ich mus wissen was da passiret Sonsten Mach ich Lauter falsche Mouvements."
An diesem Tag war Friedrich daran gelegen, den Feind über seine Absichten im Ungewissen zu lassen und herauszufinden, wie weit er gehen dürfe, wann es diesem zuviel würde und wie er aus der Reserve zu locken sei.

So zog er denn, nachdem er noch ein Regiment und Kürassiere aufgenommen hatte, mit 9 Bataillonen und 20 Schwadronen die Saale entlang nach Ostrau. Das Infanterie-Regiment Forcade überquerte bei Fährendorf den Fluss und besetzte den Ort, um den Feind im Unklaren zu lassen, wo die Hauptarmee überginge. Noch am gleichen Tag ging es nach Weißenfels zurück, das besetzt wurde; Märsche, nichts als Märsche – aber sie waren ja die Stärke der preußischen Armee! Doch es mangelte an Brücken, auch die bei Halle war vom Gegner zerstört, aber von Keiths Spezialisten wiederhergestellt worden. Am Nachmittag erfuhr Friedrich das Abrücken der Reichsarmee aus Merseburg und er ließ Fürst Moritz in die Stadt einziehen.

Der 3. November dämmerte auf. Was hat der König vor?, mochten sich die Leute der Reichsarmee fragen. Was haben diese verdammten Völker vor?, mochte Friedrich sich ebenso fragen. Grundsätzlich waren seine Gegener im Vorteil, wusste er so gut wie sie selbst, denn sie benötigten gar keine Schlacht, überhaupt keine Entscheidung, weil sie Muße hatten und wenig Mut und es ihnen im kommenden Winter genügt hätte, die preußische Armee langsam aber sicher aus Thüringen zu drängen. Es bestand für Friedrich sogar die Gefahr, dass er von ihnen entweder in seine Erblande zurückgedrängt oder seinen Feinden in Schlesien vor deren Kanonen hingedrängt würde. Sicher ist heute aus unserer „Fernsicht der Vergangenheit", dass sie Friedrich im anstehenden Winter hätten erledigen können, wenn sie, erstens, nicht solche „Fehlerangst" vor ihren obersten Chefs, immerhin ein Kaiser und ein König, gehabt und, zweitens, dieselbe Angst vor der preußischen Infanterie gepflegt hätten.

Eine Wende schien sich nun anzubahnen: Denn während Hildburghausen am Morgen des 3. November eine Veränderung des Lagers durchzudrücken versuchte, weil er Friedrichs Anmarsch von Weißenfels her erwartete, verwandte Soubise, der seinen Plan ablehnte, den Tag darauf, „ein Schlachtfeld zu suchen". Das schien seinem Oberkommandierenden doch sehr kurios zu sein, und bald wird sich herausstellen, dass Soubises Erkundungen mangelhaft waren.

Die Spannung des 3. November stieg weiter an, als Friedrich am Morgen die Saale auf einer Floßbrücke bei Herrenmühle überschritt und Keith den Fluss bei Halle von 15 Schwadronen bei einer Fuhrt überqueren ließ. Während er selbst, im Gefolge des Fürsten Moritz, bei Merseburg hinüberging. Diese Schwadronen sollten bis Lauchstädt vorreiten und sich dann wieder nach Merseburg ziehen. Noch wusste Friedrich nichts vom feindlichen Lager bei

Mücheln und glaubte, die Reichsarmee ziehe sich zur Unstrut zurück, und er bestimmte deshalb Raunsdorf zum Sammelpunkt.

Mit der Avantgarde, die aus dem Freibataillon Mayr, 3 Schwadronen Gardes du Korps, 5 Schwadronen Gens d'armes und 5 Schwadronen der Székely-Husaren bestand, - wobei Friedrich stets „vorneweg" blieb -, erreichte er gegen 3 Uhr nachmittags diesen Ort und erhielt sogleich Meldung von der gegenwärtigen Aufstellung der Reichsarmee. Wie bei ihm üblich, drängte es ihn sofort zur Erkundung: vom Kirchturm des Dorfes und von einer Höhe nördlich; vergebens, es war nichts zu erkennen! Schnell ritt er, stets rast- und ruhelos, über Bedra auf die Schortauer Höhen, doch das allmählich verschwindende Licht des Tages machte alle Bemühungen zunichte. Die Befragung der Landleute, die überall noch auf den Feldern anzutreffen und sehr willig und den Franzosen und Kaiserlichen böse waren, gaben Auskunft so gut sie konnten. Die Auskünfte ergaben ein Bild, nach dem die verbündete Armee mit der Front nach Norden lagerte und „die nicht angelehnte rechte Flanke liegt frei".

Nun, das war doch etwas, meinte Friedrich befriedigt und teilte Lob und Münzen aus, mit dem man einiges anfangen konnte. In seiner Eigenschaft als Feldherr träumte er von solchen Gelegenheiten, ersehnte sie sogar innig: Eine gegnerische Front oder Aufstellung, wie die Österreicher sie beherrschen, von der Seite packen und aufrollen – „der Traum der Schiefen Schlachtordnung"! Also lautete sein Beschluss: „Angriff am nächsten Morgen!"

Während Friedrich dieses beschloss, arrangierte und die Befehle erließ, die wir noch kennenlernen werden, saß Prinz von Hildburghausen am Schreibtisch. Er hatte auf den Vorwurf zu antworten, den der Wiener Hof ihm machte:

„Warum geht es nicht energisch wider die Preußen? Warum konnte die preußische Armee wie eine Prozession durch unsere Reichslande ziehen?"
Hildburghausen fühlte sich hart getroffen und wies mit Recht die Hauptschuld daran von sich und verfasste an diesem 3. November eine Rechtfertigung, die auf uns gekommen ist:
„Hätte ich das Glück, statt beinahe 50.000 Reichs- und französische Hilfsvölker nur 25.000 Mann kaiserlich-königlicher Truppen unter mein Kommando zu haben, ich wollte nicht allein schon an der Elbe sein, sondern setzte meinen Kopf zum Pfand, dass wir Meister von Leipzig wären..."
Es folgte die Schilderung der Umstände, warum dies nicht so war; wir kennen diese schon.
„...Aus allem diesem werden Eure Kaiserliche Majestät in Gnaden erkennen, wie schwer es für mich ist, auf solche Art eine Armee zu kommandieren, ja wie fast nichts anderes vorherzusehen, als dass wir, sobald uns der Feind in die Nähe kommt, wäre es auch der allerverächtlichste Trupp, geschlagen werden können."
Manche Feldherren tun sich leicht als Propheten!

Immerhin: Hildburghausen blieb über Nacht bei seinen Truppen unter freiem Himmel, um ein Beispiel zu geben und weil er den Preußen auch einen nächtlichen Überfall zutraute. Nun endlich hatte er auch Soubise veranlassen können, unter Mithilfe Broglies, wegen der die ganze Nacht nicht Ruhe gebenden Preußen das Lager zu verändern. Er selbst rückte mit seinen Truppen auf eine Höhe südlich Branderoda und hielt die Infanterie in Gefechtsbereitschaft. Denn von den Preußen drüben klangen Kanonenschüsse herüber, die man nur als Signalschüsse deuten konnte. So ging es weiter in ein Lager in einem dichten, nicht weit entfernten Eichenwald. Solche Forsten oder

Misch- und Laubwälder, in jenen Gegenden häufig vorkommend, galten als relativ sicher, weil sie schwieriger als freies Acker- oder Weidengelände gestürmt werden konnten. Die Kavallerie der Reichsarmee, die so genannte „deutsche“, stellte sich östlich Branderoda auf. Die Franzosen gingen nach Mitternacht in das neue Lager, Front nach Osten, und verschanzten sich sogleich.

Der Drang nach Verschanzungen ist schon aus der Antike bekannt, und die Römer waren Meister darin. Hunderte von Soldaten und Sklaven mussten sofort mit Hacke, Spaten und Schaufel antreten, um das Lager mit einem umlaufenden Graben und Wall abzusichern, die außerdem noch mit Wachen besetzt wurden. In absoluter Dunkelheit war ein Sturm des Lagers unmöglich und bei Mondschein war es meistens zu hell für einen Angriff. Im allgemeinen streikten die Soldaten bei nächtlichen Unternehmungen, wenn sie acht oder zwölf Stunden marschiert und nur minimal verpflegt worden waren.

Sich aufstellen, Aufstellungen machen – ja, das konnten diese Franzosen, als wenn sie alle direkte Nachfahren römischer Legionäre gewesen wären! Das musste Friedrich am anderen Morgen murrend und enttäuscht feststellen, als er wieder einmal gründlich beobachtete:
Den rechten feindlichen Flügel bildeten beim Hackenholz 4 Bataillone mit Front gegen Osten, Steinbrüche und Weinberge vor sich, an der Südseiten standen als Flankenschutz 2 weitere Bataillone. Mit 35 Bataillonen in zwei Treffen stand die Infanterie rechts nördlich Branderoda, links beim Galgenhügel St. Micheln zugebogen. Hinter dem linken Flügel waren in zwei Treffen 26 Schwadronen postiert, hinter dem rechten deckte das Reservekorps des Herzogs von Broglie mit 8 Infanterie-Bataillonen und 14 Schwadronen. Prinz Soubise ging für den Rest der Nacht nach St. Ulrich. Eine zwar lange, fast schon Winternacht,

von preußischen Stör- und Vortrupps in eine unruhige verwandelt. Trotzdem konnten auf beiden Seiten Musketiere, Dragoner, Husaren, Infanteristen, Grenadiere und Reiter ihre Bäuche an den Kochstellen, bei Marketenderinnen und an Lagerfeuern füllen und ihren Durst stillen.

Selten hatten es in diesem Krieg die preußischen Soldaten besser als ihre Kollegen der Gegenseite. Sind doch Ruhe und Sattsein wie wir erfahren haben, erste Bürger- und Soldatenpflicht vor der Schlacht. Sie sammelten sich noch in der Dunkelheit, diese Preußen. Prinz Heinrich bezog mit dem Gros Lager bei Braunsdorf, ihm folgte die Kolonne des Fürsten Moritz von Merseburg her. Die Truppen Keiths, sie hatten wegen einer Verwirrung und Verirrung die Signalschüsse abgegeben, erreichten das Lager um 7 Uhr. Auch Friedrich war inzwischen ein Meister nächtlicher Lageraufstellungen geworden. Seine lehnte sich mit dem rechten Flügel an die sumpfige Niederung der Geisel und mit dem linken an Braunsdorf, in dessen Pfarrhaus Friedrich kampierte. In den umliegenden Dörfern hatten Seydlitz und Mayr mit ihren Einheiten Quartier genommen, so, dass sie am anderen Morgen mit preußischer Eile zusammengestellt werden konnten.

Wer von uns sich heutzutage die Mühe macht, anhand dieser trockenen, eigentlich nur einen Militär interessierenden Schilderung, der genannten Orte und der Karten das Tun und Lassen beider Seiten nachzuvollziehen und nachleben zu wollen, der kann nur staunen! Was diese Menschen auf sich genommen haben! Wie die Einwohner der von den Armeen durchzogenen Landschaften ausgehalten und gelitten haben müssen! Für Angelegenheiten, „die ihnen völlig schnurz“ und nur Fragen ihrer Dynastien waren!

Befehlsausgabe für den 4. November war bei Friedrich zwischen 9 und 10 Uhr. Die gesamte Kavallerie, dem jüngsten General unterstellt, nämlich Seydlitz, hat sich um

3 Uhr bei Bedra zu vereinigen, gefolgt vom Infanterie-Regiment Alt-Braunschweig; die übrige Infanterie hat um 4 Uhr treffenweise links abzumarschieren und nördlich Bedra vorbeizumarschieren; die Artillerie hat vor dem linken Flügel des ersten Treffens hinter dem Regiment Alt-Braunschweig zu marschieren und beim Angriff vor dem linken Flügel aufzufahren. (Wer Lust hat, vielleicht mit ein paar Truppen Zinnsoldaten, diesen Befehlen und Anordnungen zu folgen, macht schon die ersten Karriereschritte zum Feldherrn!

Doch grau ist alle Theorie, wie der Praktiker und Feldherr Friedrich II. von Preußen am diesem Tag erfahren musste...

Vortag einer Schlacht – der 4. November 1757

„Am 4. bei Morgengrauen verließ die Armee das Lager. Die gesamte Kavallerie bildete die Avantgarde. Als sie an die Stelle kam, wo der König tags zuvor das feindliche Lager beobachtet hatte, fand sie es nicht mehr vor. Zweifellos waren Soubise Bedenken über die Mängel seiner Stellung aufgestiegen, und er hatte sie noch in der Nacht gewechselt."

Aus diesen dürren Worten seiner „Geschichte des Siebenjährigen Krieges" spürt man noch heute die Enttäuschung Friedrichs, die „Kaiserliche und Reichs-Schattenarmee" wieder nicht erwischt zu haben. Verdammt, dachte er, während Schlesien in Not ist, trappse ich hier wie ein märkischer Wanderbursche durch versumpfte Wiesen und über grundlose Wege, und alles ist für die Katz'. Aber er wird die neue Aufstellung noch kennenlernen.

Ganz so überrascht kann Friedrich aber nicht gewesen sein, weil in der Nacht zum 4. jede Menge Überläufer und Gefangene eingebracht wurden, die von einer Veränderung des Lagers und dauernden Bewegungen sprachen, die vorgenommen worden seien. Auch über die Stärke der feindlichen Armeen machten die Überläufer Aussagen: 55.000 bis 60.000 Mann; sie konnten nicht wissen, dass einige Bataillone inzwischen abgeordert waren. Aber Friedrich blieb bei seinem Vorsatz, eine Schlacht zu suchen und ließ nach den ausgegebenen Befehlen antreten. Um 3 Uhr ging es bei hellem Mondschein von Braunsdorf los, Friedrich wie immer in der Avantgarde. Die Armee formierte sich und ging mit der gesamten Kavallerie in drei Treffen und unter sonst unüblichen weiten Zwischenräumen gegen den Gröster Hügel vor. Dort stand einige französische Vorposten-Kavallerie, die unter Zurücklassung von vierzig Gefangenen vertrieben wurde. Die preußische Infanterie hielt am Fuß der Schortauer Höhen, das Freibataillon Mayr, immer mit an der Spitze, stellte sich im Gersteltal auf. Vom Größter Hügel war jedoch nur der linke Flügel des Feindes einzusehen, so musste Friedrich mit seiner Begleitung auf die Schortauer Höhen vorgehen, um von dort die ganze feindliche Aufstellung übersehen zu können. Hierzu ließ er jedoch, um die Feinde nicht aufmerksam zu machen, die Masse seiner Kavallerie am Nordabhang zurück.

Was Friedrich nun sah, stimmte ihn missmutig und übellaunig. Waren wieder alle Mühen umsonst, die ganzen nächtlichen Vorbereitungen, all seine Planungen mit den Generalen vergeblich gewesen? Aber Friedrich war seit der Niederlage von Kolin vorsichtig geworden und wollte auf gar keinen Fall eine Stellung angreifen, die so gut und umsichtig vorbereitet worden war wie diese da vor ihm. Sie war echt österreichisch: tiefe Verschanzungen, in der Infanterie zur Verteidigung bereitstand, sowohl an den Flügeln als auch in der Mitte stark und massiv aussehend; an Artillerie, die er nicht ausmachen konnte, würde es auch nicht fehlen. Und wo standen die Reserven, wo wartete die Reichskavallerie auf ihn?

Seine nicht plötzlich aufkeimenden Bedenken waren berechtigt. Außerdem hütete er sich natürlich, die Führungsmannschaft der Reichsarmee und der verbündeten Franzosen als unfähig anzusehen; mochte sie auch eine Mannschaft sein, der man Spontanität, Feldherrnkunst in der Offensive und strategische Geistesblitze nicht nachsagen konnte. Bei dieser kombinierten Armee war um 6 Uhr die Meldung vom Anmarsch der Preußen von Bedra her eingegangen, darauf Generalmarsch geschlagen worden, auf den hin die Armee in die Verschanzungen einzurücken hatte. Sofort besetze auch die Infanterie den Verhau, von Friedrich gewöhnlich Verhack genannt, eine Sperre aus umgestürzten oder gefällten Baumstämmen zum Beispiel, die einen Durchgang oder Weg versperrte. Wie Friedrich richtig vermutete, standen die Reserven unter Broglie hinter den Infanterietreffen, kleine Einheiten noch zusätzlich hinter Hügeln – eine richtige riesige Falle war dort aufgebaut worden!

Friedrich tat recht, sich nicht zu einem Angriff hinreißen zu lassen, wenn auch, so seine Meinung, die Aussicht auf eine baldige Schlacht hier und heute dahinsank. Die Tranzosen waren nicht faul, wie Friedrichs Adjutant Gaudi berichtete:

„Nach der Gewohnheit der Franzosen hörte man bey ihren Truppen viel Trommeln und Blasen, auch geschahen auf unsere Cavallerie einige Canon-Schüsse, die aber keinen Schaden thaten.“

Kein Zweifel, diese Armee war entschlossen, sich zu verteidigen, und sah mit Freude und Jubel, wie die Preußen wieder abzogen. Wenn auch dort wohl alle einfachen Soldaten mutig und entschlossen in den Kampf gehen würden, so es befohlen würde, so freute sich eben dieser gemeine Soldat über alle Maßen, wenn ein Sieg oder Vorteil ohne Blutvergießen errungen werden konnte. In einem Schreiben, das am 5. abging, beschrieb Soubise dieses Thema und hielt es in Anbetracht „der Kampfeslust meiner Truppen“ für ein Unglück, dass Friedrich nicht angegriffen hatte.

Hier reifte dann der Entschluss, dass man eine solche Armee wie die preußische, wenn sie schon die angebotene Schlacht nicht annehmen mag, anderweitig würde packen müssen. Ein Vertreter der Reicharmee berichtete:
„Den 4ten recognoscirte der könig mit all seinen Generalen neuerdings das Lager der Combenirten Armee; zumahlen er aber weder selbigen ganzen Tag, noch auch den folgenden in der Frühe nicht das mindeste Zeichen von einem im Sinne habenden Angriff von sich gabe; So hat man beschlossen, ihm die Bataille anzubiethen.“

Es entstand somit jene Situation, die zur kuriosesten Schlacht des Jahrhunderts führte, wie Zeitgenossen sich ausdrückten. Selten genug, aber Friedrich tat so, als wollte er dem Gegner die Initiative überlassen. Er ließ hinter dem Leihabach, den Verbündeten gegenüber, ein Lager beziehen und hoffte, dass man ihn bald angreifen würde. Zwei Möglichkeiten sah er für sich. Erstens weil die Reichsarmee um sich herum alle Möglichkeiten einer länger andauernden Ernährung ihrer Soldaten selbst und eigenhändig unmöglich gemacht hatte, konnte sie nicht lange in einem Lager verweilen. Es musste also bald aufgegeben werden, das hieß abrücken und die Eröffnung einer Möglichkeit, sie beim Marsch anzufallen. Seine Preußen als Schnellmarschierer müssten hierzu in der Lage sein. Zweitens die Reichsarmee marschierte nicht ab, sondern machte ihrerseits den Versuch, das preußische Lager zu überfallen. Vielleicht morgen am 5. oder erst übermorgen am 6. November?

In beiden Fällen musste die Reichsarmee sich bewegen, in Kolonnen marschieren, durch Täler in einem Gelände, das perfekte Aufklärung erforderte, ebenso rasch entschlossene Feldherren und auf Befehle ebenso schnell reagierende Truppen. Besaßen Reichsarmee und Franzosen sie? Nach der begründeten Ansicht Friedrichs nicht!

Die preußische Infanterie rückte nach Schortau ab, die Kavallerie ging nach Bedra, beide eine Zeitlang von feindlicher Kavallerie verfolgt, die erst aufgab, als sie von nördlich Schortau aufgestellten Geschützen unter Feuer genommen wurde. Vom Größter Hügel her antworteten sie mit 12-Pfündern in die preußische Kavallerie. Derartige für den Schlachtverlauf unerhebliche Aktionen beweisen zur Genüge, dass die Reichsarmee nicht untätig und unfähig herumsaß, sondern durchaus zu agieren wusste, schon im Hinblick darauf, dass die Zahlen der wirklichen Stärke der Preußen allmählich zu ihr durchsickerten. Und wer sich zurückzog, einen Angriff nicht durchführte, wie der Preußenkönig heute, musste es hinnehmen, mindestens im Ansehen zu sinken und ausgiebig verhöhnt zu werden.

Friedrichs neues Lager lehnte sich mit dem rechten Flügel an Bedra, mit dem linken an Roßbach, beide Dörfer wurden natürlich mit Truppen besetzt. Das Freibataillon Mayr stand in Schortau, die Husaren standen westlich Bedra. Friedrich nahm im Herrenhaus zu Roßbach Quartier. Nicht alle Soldaten durften ruhen: Denn um informiert zu sein, lässt Friedrich während der Nacht zum 5. November immer wieder starke Husarenpatrouillen gegen das Lager der Reichsarmee vorgehen. Sollte diese sich wieder verdrücken und ein anderes Lager beziehen wollen, so sollte das diesmal nicht unbemerkt geschehen.

Wann fassten die verantwortlichen Militärs der kombinierten Armee den Entschluss, allem Drängen aus Wien und Paris nachzugeben und Friedrich anzugreifen? Am 4. oder am 5. November? Zeitgemäße Geschichtsschreibung ist dann oft unglaubwürdig, wenn sie sich auf Berichterstatter „vor Ort“ stützt oder von Unterlegenen einer Schlacht dargestellt wird. Es gilt ihnen beizeiten, unsaubere Westen und beschmutzte Hemden reinzuwaschen – ein Vorgang, den auch Friedrich beherrschte. Die Behauptung, die Schlacht vom 5. November sei bereits am 4. beschlossene Sache gewesen, kann aus mehreren Gründen nicht zutreffen. Zum einen wurden erst am 5. Verstärkungen heranbefohlen, die nicht vor spätnachmittags eintreffen konnten; zum anderen schrieb Soubise am 5. einen Brief, in dem er den Angriff, sollten die Preußen im Lager verbleiben, ankündigte; und schließlich, wir werden es bei der Schilderung der Geschehnisse des 5. noch erfahren, hätte man an diesem kurzen Novembertag anders gehandelt, wenn man schon am Vortag über einen Angriff auf die Preußen einig gewesen wäre.

Soubise und Hildburghausen, zwei unterschiedliche Charaktere und Temperamente, waren sich am 4. November noch immer uneins: Hildburghausen brannte es in den Händen vor Tatendrang, Soubise rang sich immerhin zur Erkenntnis durch, dass etwas geschehen müsse. Beide durchschauten ihre Hauptmisere, nämlich Mensch und Tier ernähren zu müssen, - ein Umstand, der natürlich auch die Preußen betraf -, doch dann setzte sich Soubise durch, ein Rückzug über die Unstrut berge die Gefahr in sich, von Friedrich mit voller Macht angegriffen zu werden.

Dann wieder geriet Soubise in der Diskussion über die nun zu ergreifenden Maßnahmen ins Hintetreffen, denn auch seine Offiziere murrten insgeheim und hinter hohlen Händen über die stete Untätigkeit des Manövrierens und der Nahrungsbeschaffung: „Essen ist zwar die Grundlage allens, aber dann kommt für jeden tapferen und rechtschaffenen Soldaten der Kampf“. Auch in der französischen Armee haben Offiziere erst einmal zu gehorchen und tun das auch, aber die französischen entstammen noch mehr dem Adel als die deutschen und preußischen Offiziere. Es sollen in der Diskussion Sätze wie „ob es denn Ehre genug gibt, die kleine preußische Armee zu schlagen“ und „wie es angeht, dass ein brandenburger Markgraf seinen Kaiser und den französichen König an der Nase herumführe“. Auf jeden Fall wurde hier ein forsches Vorgehen gegen das feindliche Lager beschlossen, die Bedrohung der preußischen linken Flanke, ihrer Verbindung zu Weißenfels und anderer rückwärtiger Linien; keine Schlacht wurde angeordnet, noch wurden intensive Pläne geschmiedet. Immerhin für den 6. November gab es einen Vorschlag: Blieb Friedrich im alten Lager hocken, würde man selbst ein neues zwischen Reichardtswerben und Obschütz beziehen und ihn am 6. angreifen. Vermutlich aber würde Friedrich angreifen, vielleicht gar sich zurückziehen, - so die Quintessenz der Beratungen -, und dann würde man ihm und seiner Potsdamer Wachparade Beine machen. Soubise ordnete für seine Truppen zum Vormittag des 5. die Fouragierung an, seine Generale sollten die Zeit zur Erkundung des Geländes nutzen – nun Schicksal, nimm deinen Lauf!

Um die Stimmung dieses 4. November zu dokumentieren, führen wir hier ein paar Berichte und Äußerungen von Leuten auf, welche dabei oder in der Nähe waren. Friedrich schrieb an seinen Minister von Finckenstein:
„Es wird wohl morgen allhier zu einer bataille kommen, und die wird wohl der Kurzweile ein Ende machen.“
Prinz Soubise schrieb frohlockend an seinen Kriegsminister:
„Der König hat uns rekognoszirt, aber sich zurückgezogen. Er hat es sehen müssen, das man ihn nicht fürchtet. Alles war trefflich vorbereitet und angeordnet. Ich kann Ihnen die Freude nicht ausdrücken, die sich auf allen Gesichtern ausprägte. Wenn die Preußen morgen in ihrer Stellung bleiben, so werden wir uns rechts wegziehen, und ich glaube, dass wir den König von Preußen dazu bestimmen werden, uns in Ruhe zu lassen.“

Also keinerlei Rede von einem Angriff. Über den 4. November berichtet ein Dragoner des Württembergischen Kreis-Regiments:
„Den 4. November in der Nacht mußten die Preußen über die Saale gegangen seyn; denn mit anbrechenden Tage fing von ihrer Seite das Kanonenfeuer an. Die combinirte Armee mußt hierauf aus- und den anmarschirenden Preußen entgegen rücken; da sich solche aber nach einigen gegenseitigen Kanoniren zurückzogen, und rechter Hand ein Lager aufschlugen, so bezog die combinirte Armee das ihrige gleichfalls wieder. Beide Lager waren ungefähr zwei Stunden von einander entfernt. Die Preußen mochten dieses Mal ohngefähr nur 10.000 Mann stark seyn; und da man dieses für die ganze Armee hielt, so ward beschlossen, solche den folgenden Tag anzugreifen."

Über den Aufbruch der Preußen morgens am 4. liefert Pfarrer Johann Schieriz aus Neumark einen interesssanten Bericht:
„Mit Anbruch des Tages fingen die Preußen sogleich an, nämlich am 4. November sich in Marsch zu setzen und gegen die Franzosen anzurücken. Sie taten es mit dem Morgenliede ‚Wach auf mein Herz und singe', dabei man ganz deutlich wahrnahm, wie sie die drei letzten Verse mit besonderem Nachdruck sangen. Dann hörte man sie singen ‚In dich hab ich gehoffet, Herr'. Das schallte nun weit und breit durch die Lufft zu Gott, und war überaus beweglich zu hören. Da dieses Lied aus war, machten die Regimenter Halte, die Feldprediger sollen, wie ich nachdem vernommen, 5. Mose 7 gelesen, und eine sehr kurze Anrede gehalten haben, auch ihnen den Segen gegeben haben, hernach ging der Marsch unter dem Liede ‚Es soll uns Gott gnädig sein' weiter fort."
Welch ein Kontrast zu dem Benehmen der Franzosen und Reichsvölker! Kein Wunder, dass die Bevölkerung der

betroffenen Gebiete von diesen preußischen Grenadieren sehr angetan war.

Ein altes Schlachtfeld in Deutschland

Vor Urzeiten müssen Mars, Ares, Odin, Tyr, Bellona, Quirinus, Istar, Assur, Hutran, Laran und Triglaw, (alles Kriegsgötter!), über **unser** Gebiet gelaufen, gewandert und geschlendert sein – wie sonst ist es möglich, dass sich ihre Jünger, Sendboten und Bewunderer immer wieder hier getroffen, aber nichts Schriftliches hinterlassen haben? Längst waren die Stammeskämpfe der Germanen vorbei, da versuchten Attilas Enkel ihr räuberisches Glück, gerieten aber mit Kaiser Heinrich I. an den falschen – aus unserer Sicht an den richtigen! – der sie am 15. März 933 hier an der Unstrut gehörig vermöbelte und ihnen den Appetit auf weitere Vorstöße nach Westen vergrällte. Das nächste Großereignis ließ allerdings 699 Jahre auf sich warten. Wenn auch verschiedene Heere das Gebiet durchzogen und zu Aufmärschen und Lagern benutzt haben. Am 16. November 1632 schlug Schwedens König Gustav Adolf, der sich als Retter des Protestantismus in Deutschland sah, bei Lützen General Wallenstein nebst Pappenheim, muss diesem jedoch in die ewigen Jagdgründe der Unsterblichen folgen!

Nun, im Herbst 1757, tut sich wieder allerhand Unerfreuliches, das der Bevölkerung nicht geheuer ist und Böses erahnen lässt: Zuviel Soldaten ziehen hin und her, was blühenden und fruchtbaren Landschaften noch nie bekommen ist, und es ist reichlich viel fremdes Volk dabei – für die damalige alteingesessene Bevölkerung stets ein äußerst schlechtes Vorzeichen: Österreichische Kroaten, schwarzhaarige Italer, blonde Bretonen und Tiroler Jäger. Wie sie allesamt gehaust haben, ist in einem anderen Kapitel beschrieben und soll hier nicht wiederholt werden.

Und wieder werden, wie schon so oft und wie noch nachher, Ortsnamen, die sonst niemand nennen würde, in die Kriegsgeschichte eingehen. Im Gegensatz zu früheren Schlachten werden die zahlreichen verantwortlichen Feldherren weniger Gelegenheit haben, das Schlachtfeld in Augenschein zu nehmen, und das aus einfachen, sehr begreiflichen Gründen: Diese Schlacht von Roßbach ist ungeplant, sie wird sozusagen mit der linken Hand geschlagen, nebenbei und fast zufällig, wenn auch letztlich von allen beteiligten Feldherren, Generalen und höheren Offizieren erwünscht. Statt dieser Leute haben die Autoren des GStW das Schlachtfeld beschrieben, lassen wir ihnen in ihrer nüchtern-militärischen Sprache das Wort:
„Das Gelände, auf dem sich die Schlacht am 5. November abspielte, wird im Norden durch den Leihabach, im Osten durch den Pölzenhügel und die Dörfer Reichardtswerben und Tagewerben, im Süden durch die Straße Tagewerben-Zeuchfeld, im Westen durch den Galgenberg südlich Gröst begrenzt. Es ist ein wellenförmiges Hügelland, dessen Erhebungen nach Westen und Süden zunehmen. Ein von Westen nach Osten streichender Höhenzug, der östlich Schortau beginnt, erreicht im Janushügel, von den Landleuten Johannes- oder Jahnshügel genannt, einer weithin sichtbaren Kuppe, seine größte Erhebung und verläuft im Osten mit dem Pölzenhügel. Truppenbewegungen am Nordhang dieses Höhenzuges sind auch von den überhöhenden Erhebungen bei Pettstädt und westlich von Reichardtswerben nicht einzusehen. Die große flache Mulde zwischen ihm und dem Lohhügel nördlich Obschütz wurde das eigentliche Kampffeld. Von dem Gehöfft Luftschiff südlich Pettstädt fällt das Gelände gegen Roßbach ziemlich stark ab, Reichardtswerben, Lunstädt und Roßbach liegen zwar tief, vom Boden des Herrenhauses am Südende von Roßbach hat man aber einen guten Umblick nach Süden

und Westen; nur Zeuchfeld ist von dort aus nicht zu sehen.“

Einen guten Umblick haben, das war stets Friedrichs Anliegen, wenn eine Schlacht bevorstand. Im Gegensatz zu den beiden ersten Schlesischen Kriegen hat er Kavallerie und Artillerie erheblich verbessert und vermehrt, gedenkt sie auch konsequenter als früher einzusetzen. Für einen Kriegskünstler wie König Friedrich war dieses Marsfeld wie geschaffen. Vergegenwärtigen wir uns kurz, wie damals Schlachten abliefen, sozusagen, der Sitte nach abzulaufen hatten: Entweder marschierten zwei mehr oder weniger geordnete Heerhaufen aufeinander zu, um sich erst zu beschießen und dann gegenseitig abzustechen; oder ein Haufe wartete in befestigter Stellung darauf, dass der andere ihn berannte, natürlich nach gehörigem Kanonenfeuer. So war es bei Kolin geschehen und für Friedrich blamabel ausgefallen. Im Prinzip kämpfte man noch wie die alten Römer, die ihre Legionen Blöcke bilden ließen, die vorrückten oder auch Angriffe erwarteten. Doch war zu allen Zeiten kein Heerführer so in dieses System verrannt, dass er nicht nach Variationen trachtete. Diese hießen: Hinterhalte legen, Umgehungen machen, den Feind in der Flanke packen, Täuschungsmanöver, Nachtangriffe, unerwartete Überfälle und sonstige Methoden, die man Kriegs- und Feldherrnkünste nennt. (Wir verweisen hier darauf, dass alle Leser, die am Technischen interessiert sind, sich „alte Filme“ zum Thema Friedrich der Große, die man noch erwerben kann, anzusehen. In einigen von ihnen ist das geschlossene Vorgehen der Infanterie-Regimenter gut nachgestellt worden.)

Unser Schlachtfeld, das nun ansteht, **musste** Friedrich lieben! Er suchte die Entscheidung, war zahlenmäßig unterlegen und drohte im Lauf der nächsten Tage und Wochen noch unterlegener zu werden, weil seine Gegner weiterhin

mit Nachschub versorgt wurden. Also suchte er nach Tricks und Kniffen, diese Unterlegenheit auszugleichen. Dazu bot sich das Gelände an: sanfte Erhebungen, ersteigbare Hügel, bewaldete Kuppen, uneinsehbare Verläufe, hinter denen man Bataillone und Schwadronen in Wartestellung halten, unauffällig verschieben und sich entwickeln lassen kann. Und für die Artillerie jene Punkte, von denen aus sie ihre tödliche Fracht in tiefer stehende oder marschierende Kolonnen schicken kann. In der Ausnutzung des Geländes gleicht Friedrich inzwischen seinen antiken Vorbildern wie dem erwähnten Mithridates, Alexander, Hannibal und Cäsar – ein Beweis, wie wenig sich in Tausenden von Jahren auf diesem Gebiet geändert hat!
Friedrich hat in den beiden ersten Schlesischen Kriegen viel gelernt und bewiesen, dass ein Feldherr, der sein Schlachtgelände erkundet und demnach kennt, den halben Sieg schon in der Tasche hat. In seinen „Generalprinzipien des Krieges“ schrieb Friedrich schon 1748:
„...Der sogenannte Feldherrnblick besteht in zweierlei. Der erste ist das Talent, auf der Stelle zu beurteilen, wieviel Truppen ein Gelände fassen kann...Das andere weit höhere Talent besteht darin, beim ersten Blick alle Vorteile zu erkennen, die ein Gelände bieten kann. Dies Talent läßt sich erwerben und vervollkommnen, wofern man mit einer glücklichen Anlage zur Kriegführung geboren ist.“
Helmuth von Moltke sagte:
„Geschichte und Ortskunde ergänzen sich wie die Begriffe von Zeit und Raum.“
Nun, Roßbach wird jene Schlacht werden, in der Friedrich die Ortskenntnisse am perfektesten ausnutzt...

Friedrich gilt uns und galt seinen Zeitgenossen als redegewandter Privatmann, Feldherr und Soldat. So ist es überliefert. Aber das war er doch wohl nur, wenn er französisch sprach und nicht deutsch, denn diese Sprache benutzte er wie ein „Berliner Kutscher“, darum nannte er sie selbst „Kutscherdeutsch“. Wie dem auch gewesen sein mag, seine „Ansprachen vor der Schlacht“ konnte gewiss jeder Soldat und Offizier, wenn er nicht zu weit abstand, verstehen. Bekannt ist seine Ansprache zur Schlacht von Leuthen, die er in vier Wochen halten wird. Auch zu Roßbach **soll** er eine diesbezügliche Ansprache gehalten haben, wie einige zeitgenössische Autoren behaupten, doch setzen ernsthafte Historiker dem entgegen, dass bei Roßbach zu derartigen Anregungen weder Anlass noch Zeit gewesen sei. Wir bringen sie hier dennoch:

„Die Stunde ist gekommen, meine Freunde, wo alles, was uns teuer sein sollte und teuer ist, von unserem Verhalten abhängt. Die Zeit vergönnt mir nur wenig Worte, und es ist unnötig, viel zu sagen. Ihr wisst, dass keine Beschwerde, kein Hunger, keine Kälte, kein Wachen, keine Gefahr so groß gewesen ist, die ich nicht bisher mit euch geteilt hätte, und ihr seht mich jetzt bereit, mein Leben mit und für euch dahin zu geben. Alles, was ich von euch verlange, ist das nämliche Pfand von Liebe und Treue, welches ich euch selbst gebe. Lasst mich, nicht als Aufmunterung, sondern als einen Beweis meiner Dankbarkeit hinzusetzen, dass von dieser Stunde an, bis ihr die Quartiere bezieht, euer Sold verdoppelt sein soll. Nun haltet euch brav und vertraut Gott.“

Die Schlacht von Roßbach am 5. November 1757

Vorbetrachtung. Unter den drei Hauptpersonen des heutigen Tages steht es zwei zu eins: Zwei Feldherren, nämlich Hildburghausen und Friedrich, wollen die Schlacht, nur einer, der Zauderer Soubise, möchte sie vermeiden. Motive hoher Politik sind die Ursachen dieser unterschiedlichen

Meinungen und Ansichten. Führen wir das kurz vor, ehe die Truppen in herbstlicher Herrgottsfrühe aufbrechen.
Friedrich. Über ihn gibt es nicht mehr viel zu sagen, wir kennen seine Notlage, hier in Mitteldeutschland schlagen zu müssen, da am anderen Ende seiner Ländereien ein weiterer Gegner darauf wartet, an die Ohren genommen zu werden.
Hildburghausen. Er ist Kaiser und Reich verantwortlich und beide wollen, dass mit diesem Marquis de Brandenbourg schleunigst aufgeräumt wird, denn schließlich hat Maria Theresia die sich in politischen Wechselbädern windenden Schlesier auf sich vereidigen lassen. Sie wünscht nicht, dass der böse Friedrich zu ihnen zurückkehrt.
Soubise. Zwar steht Frankreich zu seinen vertraglichen Bindungen zur Niederwerfung Preußens, doch, wie das bei Bundesgenossen sehr häufig vorkommt, nicht zu eifrig und mit allerlei Vorbehalten. Auf jeden Fall ist es nicht so versessen wie Österreich darauf, Preußen von der Landkarte zu putzen; und wenn, dann wäre 1758 dazu noch Zeit genug. Sicher ist, dass Soubise von seinen Vorgesetzten nicht gedrängt wurde, durch ungestümes Vorgehen hohe Risiken einzugehen – Frankreichs Hauptinteresse an diesem Krieg liegt nicht in Europa.

Natürlich darf es kein Feldherr versäumen, seinem Gegner auf den Hals zu gehen, wenn sich eine günstige Gelegenheit bietet – wie denn sonst will er in die Geschichtsbücher eingehen? Wir werden erleben, dass Hildburghausen und Soubise dazu durchaus fähig sind, und die kaum erhoffte Gelegenheit lässt heute nicht lange auf sich warten...

Ouvertüre – Franzosen und Preußen als Frühaufsteher.
Soubise hinterlässt uns einen historischen Stoßseufzer: „Hätte ich mich doch seinem letzten Entschluss mit größerer Standhaftigkeit entgegenzusetzen gewusst!“

Zur frühen Morgenstunde des 5. November schreibt Hildburghausen ihm einen Brief folgenden Inhalts:
„Aus der Bewegung des Königs am vorhergehenden Tag leuchtet hinlänglich ein, dass er nicht angreifen werde. Wir müssen den König südwärts angreifen, wo er nicht durch Defileen gedeckt ist, und wo wir auch unsere Verbindungen nach Freiburg sichern.“
Endlich einmal ein Entschluss zur Initiative, dem sich Soubise hier nicht entziehen kann, und so wird im Kriegsrat diskutiert. Die Generale, viel mehr als Soubise auf Kriegsruhm versessen, stimmen zu, so dass die notwendigen Truppenbewegungen befohlen werden. Die beschlossenen Pläne sehen vor, das durch den Leihebach gedeckte Lager der Preußen auf der linken Flanke zu umgehen und durch die Felder von Reichardtswerben her anzugreifen. Hierzu war es notwendig, im weiten Bogen um das preußische Lager herum zu marschieren und möglichst lange unbemerkt zu bleiben: Weil die marschierende Armee selbst nämlich ihre linke Flanke einem feindlichen Angriff darbot.

Der riskante Marsch setzte genaue Kenntnis des Geländes voraus, eine konsequente Ausnutzung dieser Kenntnis, verbunden mit perfekter Aufklärung und die notwendige Sicherung des Marsches. Die Generale vertrauten jedoch mehr auf ihre Übermacht und halten es für unmöglich, dass die Preußen sie unterwegs anfallen könnten. Um die beabsichtigte Umgehung zu verschleiern, wird General Graf St. Germain mit 8 Bataillonen und 12 Schwadronen auf die Schortauer Höhen vorgeschickt, wo er sogleich die preußischen Vorposten verdrängen kann. Unter seinem Schutz erscheint die gesamte Generalität der kombinierten Armee, um das preußische Lager eingehend zu erkunden. Jetzt erst wird Hildburghausens Vorschlag endgültig gutgeheißen und der Aufbruch befohlen.

Wenn wir diesen Plan nachträglich überprüfen, müssen auch wir ihn gutheißen. Der Abbruch eines Lagers erfordert, wenn man nicht viele Sachen zurücklassen will, eine geraume Zeit, und nach ihr müssen sich die Soldaten in Schlachtaufstellung formieren, noch ehe der Feind gefährlich nahe herankommt. Der Plan setzte bei den Verbündeten einen reibungslosen Ablauf und eine eingespielte Organisation voraus, wie vor allem die derart geübten Preußen sie besaßen. Wieso die verbündeten Generale glaubten, mit ihrer zusammengewürfelten Armee die zur Überraschung notwendigen Bewegungen ausführen zu können, wird wohl immer ihr Geheimnis bleiben. Bedenken wir nur, was Friedrich in gleicher Situation getan hätte: Innerhalb einer halben Stunde wäre er unterwegs gewesen, wenn nicht in noch knappperer Zeit! Die folgenden Vorgänge werden diese These untermauern.

Um die Verbindung zwischen St. Germains Korps und der endlich marschierenden Armee aufrechtzuerhalten, werden Laudons Streif- und Grenztruppen auf Anhöhen westlich Roßbach beordert, außerdem schickt Hildburghausen in eigener Regie zwei Regimenter nach Freiburg, um den Übergang zur Unstrut zu sichern und Verbindung mit rückwärts stehenden Truppen zu behalten. Für einen echten Rückzug werden allerdings keine Anstalten getroffen, keine Befehle ausgegeben, keine Richtung und kein Sammelplatz bestimmt. Laudon begründete dies am 7. November in seinem Bericht an Karl von Lothringen:
„...vermutlich aus der Ursach, weil unsere starke Armee, die dem Feind weit überlegen war, nothwendigerweise einen guten Ausgang hoffen ließ."
Graf St. Germain auf den Schortauer Höhen, Laudon auf dem Galgenberg, (162 Meter hoch), ein überlegenes Heer mit gefürchteter Artillerie – die Zuversicht der Verbündeten ist tatsächlich berechtigt! Um 8 Uhr schlagen sie Gene-

ralmarsch. Das bedeutet Aufstehen der letzten Langschläfer, Abbrechen des Lagers, Beendigung von Frühstück und Schäferstündchen, Herbeiholen und Sammeln von Marodeuren aus den umliegenden Ortschaften und marschbereit machen. Soubise, noch immer nicht von der Notwendigkeit überzeugt, eine Schlacht schlagen zu müssen, lässt wegen des Ausscheidens des Korps St. Germain eine neue Ordre de Bataille festlegen; will er gar durch Verzögerungen, - wie schnell ist ein kurzer Herbsttag vertan! - , Hildburghausens Absichten hintertreiben?

Auch Friedrich ist mit seinen Generalen und Adjutanten früh aufgestanden. Mit dem Hellwerden sind preußische Patrouillen mit Vorposten der Verbündeten aneinandergeraten, sie stoßen bis ans französische Lager vor und melden Friedrich von Bewegungen und Aufbruchstimmung. Er entsendet Seydlitz mit seinen Husaren und das Freibataillon Mayr gegen die Schortauer Höhen, wo sie Feuer aus der dortigen Artillerie erhalten und eine Zeitlang, immer unter dem Aspekt der Erkundung, leichte Scharmützel mit feindlicher Kavallerie unterhalten. Kein Zweifel: Der Feind benimmt sich anders, auffälliger, entschlossener als an den Vortagen! Um 8 Uhr, als „drüben" der Generalmarsch geschlagen wird, steigt Friedrich auf den Dachboden seines Quartiers, des heute noch stehenden Roßbacher Herrenhauses, um selbst aus der Westseite des Daches heraus zu rekognoszieren; (siehe unser Titelbild!)! Ein Augenzeuge berichtet darüber:
„Den 5ten früh um 8 Uhr gingen Ihro Majestät der König auf den Boden des hiesigen Herrenhauses, allwo einige Ziegel ausgezogen wurden, und sahen, wie die Reichs- und französische Armee aus ihrem Lager nach Gröst zu zogen. Ungefähr in einer Stunde stand schon die halbe Armee in den Leyhischen, Alansdorfer und Roßbacher Feldern, und zog sich immer nach Pettstädt. Ihro Majestät sahen immer

durch das Perspektiv, und mir wurde die Gnade, immer bei Ihnen bleiben zu dürfen, und Ihnen die Wege zu nennen, so die Reichs- und Französiche Armee ging..."

„Ungefähr in einer Stunde" kann an diesem Bericht nicht stimmen, denn durch allerlei Verzögerungen und infolge der geringen Disziplin bricht die verbündete Armee erst gegen 12 Uhr zum Marsch um das preußische Lager herum auf. Friedrich beobachtet aus der Dachluke **längere Zeit**, wie es heißt, vielleicht eine Stunde, und beauftragt dann seinen Adjutanten Hauptmann Gaudi mit der lückenlosen Beobachtung der gegnerischen Bewegungen. Von Gaudi und anderen Beobachtern kommen im Lauf des Vormittags zahlreiche Meldungen über den Rechtsabmarsch der Verbündeten, aber Friedrich glaubt, sich noch Zeit lassen zu können. Vorsichtshalber lässt er 10 Bataillone und die Kavallerie des rechten Flügels sich bereithalten, damit sie St. Germain und Laudon bei deren erwarteten Aufbruch angreifen können. Friedrich hält die Truppen dieser beiden für die Arrieregarde, er erkennt also um diese Zeit eindeutig nicht, was seine Feinde vorhaben. Recht ist es ihm jedoch, dass sie endlich ihr Lager verlassen, und er hält es für möglich, sie in ihrem Marsch anfallen zu können.

So haben wir die kuriose Situation, dass sich die Pläne beider Kriegsparteien sehr ähneln. Weil Friedrich den Verbündeten nach seinen bisherigen Erfahrungen wenig Unternehmungsgeist zutraut, glaubt er an einen allgemeinen Lagerwechsel und Abmarsch aus drückenden Verpflegungsgründen. Ein Marsch auf Weißenfels oder Merseburg, um ihm, Friedrich, den Rückweg abzuschneiden. Das darf ihm doch tatsächlich nicht passieren! Nun denn, auf zum Mittagessen!

Vorspiel – bis 2 Uhr 30 nachmittags

Hildburghausen hat weiterhin seine Probleme mit Soubise, der ja, vergessen wir das nicht, den größten Teil der kombinierten Armee befehligt; der Reichsanteil der Armee allein könnte nichts gegen die Preußen ausrichten. Die Langsamkeit, mit der die Marschbereitschaft der Armee in Szene gesetzt wird, hat ihre Ursache nicht nur in etwaiger Verzögerungstaktik Soubises, es ist der allgemeine Klüngel, der herrscht und die geringe Motivation – gemessen an den Zuständen bei den Preußen. Wenn Friedrich befiehlt, „in einer Stunde hat es loszugehen", dann geht es auch los, und wenn der Teufel dreinschlagen müsste! Eine alte Feldherrnregel besagt:

„Wer nachmittags schlagen will darf vormittags nicht drömmeln!"

(Drömmeln steht für bummeln). Aber diese Regel muss in Frankreich nicht bekannt sein. Hildburghausen treibt immer wieder zum eiligen Abmarsch, lässt seine deutschen Kavallerie-Regimenter voraustraben, damit den Franzosen nichts anderes übrigbleibt, als zu folgen. So wird es 11 Uhr 30, als man sich in Bewegung setzt. Die Rückkehr von Mannschaften, welche zwecks Beschaffung von Fourage die Gegend abstreifen, wird nicht abgewartet.

Märsche von ganzen Armeen waren in damaliger Zeit, als es Fronten im späteren Sinn nicht gab, riskante Angelegenheiten: primitive Wege, wir haben schon vorher berichtet, schmale Brücken, Engpässe wie Hohlwege und Schluchten, Dörfer, die für den Durchzug großer Menschenmassen nicht geeignet waren, Sumpfgebiete, die umgangen werden mussten – überall lauerten Gefahren durch Entstehen von Gedrängel und Unordnung, jederzeit konnten leichte feindliche Truppen auftauchen oder verborgen aufgestellte Artillerie „zu spielen" anfangen. Klar, dass ein solcher Großmarsch nach allen Seiten abgesichert werden musste.

Das übernahmen in der Regel so genannte leichte Truppen, Husaren und Freibataillone, die auch für die Aufklärung zuständig waren. Wehe dem marschierenden Heer, das hier nicht sorgfältig arbeiten ließ!

Ein namenloser Dragoner vom Regiment des Württembergischen Kreises berichtet vom Abmarsch der Armee:
„Den 5. November mußte also die ganze combinirte Armee aufbrechen; sämtliche Cavallerie marschirte voran, und um das preußische Lager zu umringen, mußte ein Umweg von einer Stunde genommen werden. Das preußische Lager hatte sich in der Nacht mehr in Grund gezogen, und so rangirt, daß man es vor (für) die ganze preußische Armee, und die gestrigen 10.000 Mann hielt. Allein vor diesem Lager war eine Anhöhe, welche die combinirte Armee defiliren mußte. Hinter solche hatte sich das ganze erste Treffen der preußischen Cavallerie und Infanterie gezogen, daß man nichts davon entdecken konnte."
Wir werden diesem wackeren Berichterstatter noch begegnen. Der neu aufgestellte Marschplan der Armee ist in der Theorie in Ordnung, und kein Armeeführer erwartet, dass er in der Praxis vollkommen eingehalten werden kann, doch auf die Differenzen kommt es an. Die Avantgarde, die aus 6 Schwadronen der bewährten Szecheny-Husaren besteht, geht der Armee voran, seitwärts klären die Nassau-Husaren und Apchon-Dragoner auf. Die Hauptarmee selbst marschiert in drei Kolonnen nebeneinander rechts ab: das erste Treffen, links, mit den 16 deutschen und 12 französischen Schwadronen, und 16 französischen Bataillonen, wie üblich hintereinander; in der mittleren Kolonne marschieren vorn 17 deutsche Schwadronen, gefolgt von wiederum 16 französischen Bataillonen; die rechte Kolonne besteht aus der Infanterie der Reichsarmee und dem französischen Reservekorps, gefolgt von der Reserve-Artillerie der Reichsarmee.

Die französische Reserve-Artillerie hat Order, zwischen der mittleren und dritten Kolonne zu marschieren. Das kommt aber nicht zustande, weil sie durch missverständlichen Marschbefehl zwischen die linke und mittlere Kolonne gerät. Es ist klar, dass die Disziplin und harte Aufsicht der Offiziere oberstes Gebot sein müssen, wenn solch ein Marsch, vor allem in Feindesnähe, funktionieren soll. Er geht prompt nur langsam voran, denn die Kolonnen breiten sich aus, der Raum zwischen den Treffen wird immer enger. Schon gerät das Reserve-Korps Broglie zwischen die französische Artillerie der Reserve und die mittlere Kolonne. Im entstehenden Durcheinander marschieren fünf Kolonnen nebeneinander. Weil es natürlich nirgendwo hier breite Wege oder Straßen gibt, müssen die äußeren Kolonnen auf Felder, Äcker und Weiden ausweichen, was die Pferde und Fußgänger ermüdet und die Bespannung der Artillerie schlapp machen lässt.

Hier schon zeichnet sich der erste Minuspunkt zwischen den beiden feindlichen Armeen ab: Die kombinierte leistet sich, obwohl sie doch anzugreifen gedenkt, ermüdende Märsche – die preußische hockt derzeit ruhig und gelassen im Lager und ist topfit, wenn es ans Schlagen gehen wird. Als die Truppen die Gegend von Zeuchfeld erreicht haben, begibt sich ihre Führung auf den Steinberg, um das preußische Lager auszukundschaften. Hier gibt Broglie dem Soubise den Rat, heute nicht mehr anzugreifen, sondern in der Flanke des preußischen Lagers, rechts an Reichardtswerben angelehnt, ein neues Lager zu beziehen. Nichts lieber als das; Soubise gebietet Halt und schickt nach Hildburghausen, ihn zu informieren, gerät aber dieses Mal an einen ungewöhnlich wütenden und aufgebrachten Soldaten:
„So seid ihr Herren Franzosen, wenn der Feind vorrückt, zieht ihr euch zurück, und wenn es sich darum handelt, gegen ihn zu marschieren, macht ihr Halt!“

Das ist nun schon starker Tobak unter Verbündeten und Gefährten, aber Hildburghausen bekommt Schützenhilfe von den französischen Generalen, die mit Soubises Zaudern seit langem unzufrieden sind. Also weiter.

Auf der Höhe von Pettstädt, 195 Meter hoch, liegt das Gasthaus „Luftschiff", bei dem um 2 Uhr nachmittags erneut haltgemacht wird. Die lange Kolonne zieht sich um diese Zeit mit der Spitze westlich des Lohhügels über Luftschiff und Zeuchfeld und Pettstädt, die langsam nachbummelnde Reichsinfanterie versucht auf gleiche Höhe mit den Spitzen der anderen Kolonnen zu kommen. Am Rahlendorfer Weg gehen die Generale noch einmal zur Erkundung vor.

Wie sehr Friedrich mit seiner Vermutung recht hat, dass der Gegner allein aus Gründen ausreichender Verpflegung aktiv werden müsste, beweist der Bericht Hildburghausens über diesen fraglichen Vormittag:
„Da nun der Kalten Witterung halber die kampirung sowohl als auch die subsistenz (Lebensunterhalt) selbsten in diesen allenthalben ganz aufgezehrten Gegenden sehr beschwerlich zu werden beginnt, So wurde beschlossen, nicht länger anzustehen, auf den Feind loszugehen. Und rückte daher die kombinirte Armee folgenden Tags den 5ten dieses um 1 Uhr Nachmittags in 2 Colonnen aus ihrem Lager zu Michelen, um, weiln dem Feindlichen zu Roßbach der Vortheilhafften lage halber weder vor noch seitwärts bey zukommen ware, dessen Rücken erreichen zu trachten."
(Das Schreibdeutsch der damaligen Gebildeten und Schreibkundigen ist für uns Heutige schwer zu lesen, aber wir wollen es wegen seiner Originalität beibehalten.)

Den Vormittag kann Friedrich damit verbringen, über die Pläne seiner Gegner nachzudenken. Vom Dach des Herrenhauses und von auswärtigen Patrouillen kommen laufend Meldungen über die feindlichen Bewegungen herein, die ihn jedoch nur wenig schlauer machen. Als die Meldung über die südliche Richtung der Verbündeten eintrifft, glaubt Friedrich fest an einen Rückzug gegen Freiburg, befangen in der Vorstellung und Unterschätzung, dieser Gegner griffe ihn niemals in seinem Lager an. Es ist sicher, dass Friedrich um diese Tageszeit noch gar keinen Schlachtplan besitzt, aber er muss natürlich gegenüber einem stärkeren Feind wachsam bleiben. Hauptmann Gaudi ist für ihn wachsam, zum Glück für Friedrich, obwohl er zunächst jenem Irrtum aufsitzt, den das GStW später aufklärt: der zusätzliche Halt der verbündeten Armee bei Zeuchfeld. Diese Fehlbeobachtung rührt daher, dass Zeugfeld in einer Mulde liegt und dort die Marschkolonnen seinen Blicken entschwinden. Aber entscheidend ist, dass Gaudi, nachdem er die feindlichen Generale bei der Erkundung des preußischen Lagers auf dem Steinberg beobachtet, erkennt, dass dann die Armee ihre bisherige Richtung auf Freiburg ändert und gegen Pettstädt marschiert. Eine Täuschung, eine List, eine Falle? Friedrich sitzt gerade an der Mittagstafel, ein fast heiliger Ort für ihn, der störungsfrei bleiben sollte, als Gaudi hereinplatzt, meldet und die Ansicht vertritt, die Verbündeten wollten den linken preußischen Flügel umgehen. Diese Angaben bestätigt das Freibataillon Mayr.

Beide Nachrichtenüberbringer geraten bei Friedrich zunächst an den Falschen, außerdem zu allem Verdruss an einen Wütenden. Friedrich war, was nur wenige zu wissen scheinen, ein Mann vorgefasster Meinungen, bei weniger prominenten Leuten sagt man „dickköpfig“ dazu, und er wurde immer gereizt und ungnädig, wenn diese Meinungen begannen, sich als falsch zu erweisen.

Die Ereignisse des Vormittags haben in bestärkt, dass bei dieser ihm gegenüberstehenden Armee nur ein Rückzug möglich sein könne; Gaudi muss eine Rüge einstecken, bleibt aber dabei, sich nicht geirrt zu haben. So macht Friedrich sich auf den Weg zum Dachboden, begleitet von Prinz Heinrich, Ferdinand von Braunschweig, Feldmarschall von Keith, Seydlitz und Generalmajor Geist.

Vorsorglich hat Seydlitz seiner Kavallerie Befehl zum Satteln gegeben. Zum Pech für Gaudi kann Friedrich durch sein Fernglas in diesem Moment die feindliche Infanterie nicht erkennen, weil sie hinter den Höhen von Pettstädt verborgen ist. Die sichtbare Kavallerie hält er für eine Erkundungsabteilung, das Korps St. Germain für schwächer, als Gaudi ihm angegeben hat. Natürlich setzt es ungnädige Ausdrücke und Friedrich behauptet abermals, der Feind **werde** und **könne** ihn nicht angreifen. Doch seine Soldaten, welche den Anmarsch der verbündeten Armee von erhöhten Standpunkten aus wahrnehmen können, denken anders und handeln entsprechend: Sie bereiten das Abbrechen der Zelte vor. Und siehe da: Der wohl weich gewordene König richtet erneut sein Perspektiv gegen Pettstädt – und da defilieren sie, die feindlichen Infanterie-Kolonnen und erscheinen südlich des Ortes auf der Höhe! Jetzt kann niemand zweifeln, dass sie Arges vorhaben.

Wer im Suchen, Lesen und Studieren der vielen Ortsbeschreibungen dieser kommenden Schlacht auf den Gedanken kommen sollte, sich diese Landschaften, Ortschaften, Täler und Hügel ein wenig anzusehen, sollte das Ganze entweder als netten Spaziergang betrachten oder ganz und gar zu Hause bleiben. Fünfzig, hundert, zweihundert und mehr Jahre formen eine Landschaft um, selbst dann, wenn sie von menschlichen Eingrffen verschont bleiben sollte. Und verschont geblieben sind ja nicht einmal wenig zugängliche, für keinerlei Land- oder Forstwirtschaft geeignete Gebiete! Alle hier im Text angegebenen Hügel waren schon nach hundert Jahren eingeebnet oder abgetragen, der erwähnte Hohlweg wurde zugeschüttet, Straßen und Eisenbahnen durchzogen bald die Landschaft, die Landwirtschaft benötigte Wald- und Forstflächen, Städte uferten aus, Bäche und Flüsse wurden begradigt, Dörfer verschwanden von der Landkarte und die Landschaft bekam auch ein anderes Gesicht durch natürliche Erosion.

Hauptmann Friedrich Wilhelm von Gaudi, 1725 geboren und nicht auf den Mund gefallen, hat hierüber berichtet, aber klar, mit der gebotenen Bescheidenheit eines echten Preußen:

„Der König befand sich in einer kritischen Lage. Seinem großen Talent hatte er es zu danken, daß sie vortrefflich geändert wurde. Ebenso geschickt als schnell wusste er dem gefährlichen Plan des Feindes zu begegnen. An dem Tage dieser Bataille konnte man ihn in seiner wahren Größe sehen. Seine Disposition war die beste, die man wählen konnte, und sie wurde von seinen Generalen auf das Genaueste und Geschickteste ausgeführt."

Fehler durch große Taten wegmachen – jetzt ist Friedrich in seinem Element! Denn jeder andere Feldherr seiner Zeit hätte folgendes angestellt: Sich aufbauen in Schlachtordnung, die Front gegen Roßbach gedreht, den Feind stehenden Fußes, gepflanzter Bajonette, geladener Gewehre und empfangsbereiter Kanonen begrüßt. Nicht so Friedrich!

Fähnrich von Barsewisch, geboren 1737, war auch dabei:

„Gegen 2 Uhr Nachmittage marschirte der Feind mit einmahl links gegen Rossbach, um uns die linke Flanque abzugewinnen, und fingen an aufzumarschiren, um 2 Uhr 30 erhielten wir Ordre daß Lager abzubrechen und links abzumarschiren."

Was die feindlichen Offiziere später bewundernd einen Theatercoup nannten, war nichts anderes als dieses hier:

„Die Geschwindigkeit, mit welcher wir das Lager abbrachen, uns in Schlacht Ordnung stellten, und abmarschirten war unbeschreiblich."

Kein Wunder, das erste hatten sie vorbereitet, das zweite hundertmal geübt. Der frisch zum Generalmajor beförderte

Laudon beobachtete vom Galgenberg aus und berichtete am 7. November an Karl von Lothringen:
„Um diese Zeit brach er (Friedrich) sein Lager in aller Eile ab und marschirte in 2 Colonnen gegen Merseberg zu, und dieses so geschwinde, daß es mehr einer Flucht als einer Entgegenstellung ähnlich sah. Ich bin der Meinung, daß es die 2 Prinzen Soubise und Hildburghausen, welche sich an der Tete der Armee befanden, ebenmäßig dafür gehalten, denn sie beschleunigten ihren Marche ungemein und verließen die Anhöhe, der sie sich meiner Meinung nach mit großem Nutzen bedienen können und kamen daher in die Tiefe herunter.“
„In die Tiefe herunterkommen“, das ist eine der Sottisen (Dummheiten), zu der Friedrich sie verlocken möchte. Sein Ortskundiger auf dem Dachboden des Herrenhauses berichtet weiter:
„Endlich speisten Ihro Majestät bis 2 Uhr, alsdann gingen Sie wieder auf den Boden, und wurden gewahr, dass sich die feindliche Armee bis Pettstädt an dem Opstädter Hölzchen dergestalt wendete, als wenn sie nach Lundstädt wollte, wobei sie kanonirte, daß die Kugeln über uns wegflogen. Halb 3 Uhr hieß es: Marsch! in aller Eil, und um 3 Uhr war Preußischer Seits alles aufgepackt, und zum Hofe hinaus...“

Für die Verbündeten ist mit dem Halt bei Luftschiff tatsächlich noch nichts entschieden, wie es weitergehen soll. Soubise und Kollege Hildburghausen und die Generale beobachten von ihrem Standpunkt aus das Verhalten der preußischen Armee und beraten unentschlossen: angreifen oder oder das besprochene Lager beziehen? Doch jetzt wird ihnen die Entscheidung leichtgemacht, denn im preußischen Lager bei Roßbach werden die Zelte eingeholt, die Mannschaften formieren sich und marschieren nach Osten ab, ziemlich zügig sogar in Richtung Merseburg, um dort

wohl über die Saale zu gehen. Augenzeuge Mollinger, Sekretär des Prinzen Georg von Hessen-Darmstadt, berichtet: „In weniger als 2 Minuten aber lagen alle Zelte, als wenn sie auf dem Theater mit einer Schnur gezogen wären, auf der Erde und seine Armee war in vollem Marsche."
Dass die verbündete Generalität in Friedrichs Manöver nichts anderes als einen kompletten Rückzug vermutete, kann ihr nicht angekreidet werden, Tricks dieser Art waren nicht geläufig, wie überhaupt Schlachten als letztes Mittel bei Streitereien angesehen wurden. Für Soubise, der nun endlich entflammt ist, und Hildburghausen kann es nur eine Parole geben: hinterher und diese Preußen in ihrem Marsch überfallen – so haben alle Feldherren dieses Tages dieselben Wünsche, aber nur einer kann in Erfüllung gehen...

Sollten die verbündeten Generale noch schwanken: Jetzt taucht ihr Generalleutnant Graf Revel auf, der sich bei der vorgeschobenen französischen Kavallerie aufgehalten hatte, und berichtet mit aller Gewissheit, dass die gesamte preußische Armee den Rückzugsweg nach Merseburg eingeschlagen und auf den Höhen nordöstlich Lunstädts nur einige Husaren zwecks Sicherung des Marsches zurückgelassen habe:
„Vom Feinde ist keine Katze mehr sichtbar."
Dass hier leichtsinnige und derbe Falschmeldungen oder Fehleinschätzungen vorliegen, hätte zumindest Prinz Hildburghausen erkennen müssen: Seine Husaren, die er persönlich nordöstlich Lunstädt vorbefohlen hatte, schweigen bisher und melden den Marsch der Preußen nicht. Auch Revels Husaren sind von ihren preußischen Kollegen gehindert worden, die Höhen zu gewinnen, so dass sie die preußische Armee gar nicht eindeutig beobachtet haben können. Von Sicherheit der Kenntnis der Lage kann also bei den Verbündeten nicht die Rede sein.

Aber sie handeln jetzt entschlossen, Schnelligkeit ist das Gebot der Stunde, will man die flotten Preußen heute noch fassen. Die Armee tritt an, Broglies Reserve-Kavallerie erhält den Befehl, vorzuziehen und sich an die Spitze zu setzen, und um jetzt keine Zweifel aufkommen zu lassen, reitet Soubise in fritzischer Manier ganz vorn mit. Auch die vier hinter der Infanterie marschierenden Kavallerie-Regimenter des Grafen Mailly ziehen nach vorn, während die Regimenter La Reine und Bourbon-Busset mit der Sicherung der linken Flanke beauftragt werden. Die deutsche Kavallerie der Reichsarmee hat nun einen Vorsprung von 2.000 Schritt vor der Infanterie gewonnen, an sich schon eine bedenkliche Entwicklung, aber geradezu leichtsinnig ist, dass sie auf eine Voraussicherung vollkommen verzichtete. Eine Meldung, ein preußisches Kavalleriekorps marschiere bei den Höhen von Lunstädt auf, wird offenbar nicht beachtet. Gilt es doch jetzt, die Preußen am Entkommen zu hindern, eine Vorstellung, die offensichtlich alle Bedenken beiseitegeschoben hat.

Nachdem Friedrich seinen Ausguck auf dem Dachboden verlassen hat, ist er entschlossen, die leichtsinnig marschierenden feindlichen Truppen anzufallen; eine solche Gelegenheit wird sonst nicht wieder vorkommen. So erfolgt der sofortige Abbruch des Lagers und der treffenweise Abmarsch der Infanterie links gegen Groß Kayna, in der Deckung der Höhen nördlich Lunstädt. Die Masse der Kavallerie, nämlich 38 Schwadronen, wird Seydlitz unterstellt, mit dem Auftrag, dem Gegner den Weg nach Merseburg zu verlegen. Seydlitz' frühzeitiger Befehl zum Satteln zahlt sich nun aus, denn im Nu formieren sich seine Regimenter zu zwei Gliedern, um breitere Fronten zu bilden, und marschieren schwadronsweise auf Klein Kayna zu. Friedrich lässt das Freibataillon Mayr und 7 Schwadronen Husaren zwischen Schortau und Leiha stehen, um St. Germain und Laudon zu beobachten, deren Absichten nicht ganz offensichtlich sind, und um die Übergänge über die Leiha zu sichern. St. Germain lässt den Abmarsch der preußischen Armee, der um 2 Uhr 30 stattfindet, durch seine Artillerei beschießen, jedoch ohne Wirkung zu erzielen.

2

3

4

6

7

8

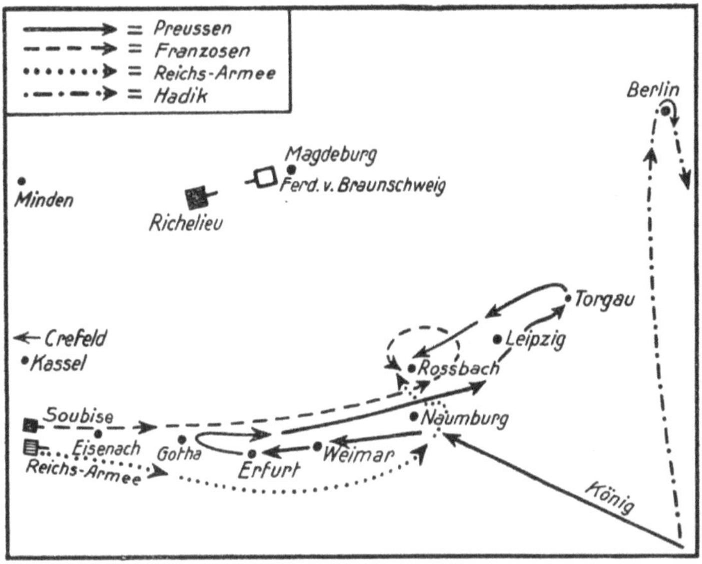

= Preussen
= Franzosen
= Reichs-Armee
= Hadik
Berlin
Magdeburg
Ferd. v. Braunschweig
Minden
Richelieu
Torgau
Leipzig
Crefeld
Kassel
Rossbach
Soubise
Naumburg
Eisenach
Gotha
Weimar
Erfurt
Reichs-Armee
König

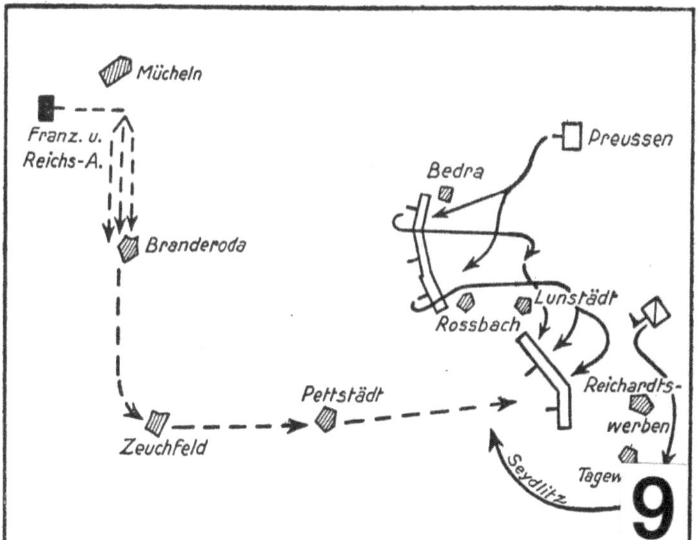

Mücheln
Franz. u.
Reichs-A.
Preussen
Bedra
Branderoda
Lunstädt
Rossbach
Reichardts-
werben
Pettstädt
Zeuchfeld
Tagew
Seydlitz
9

10

11

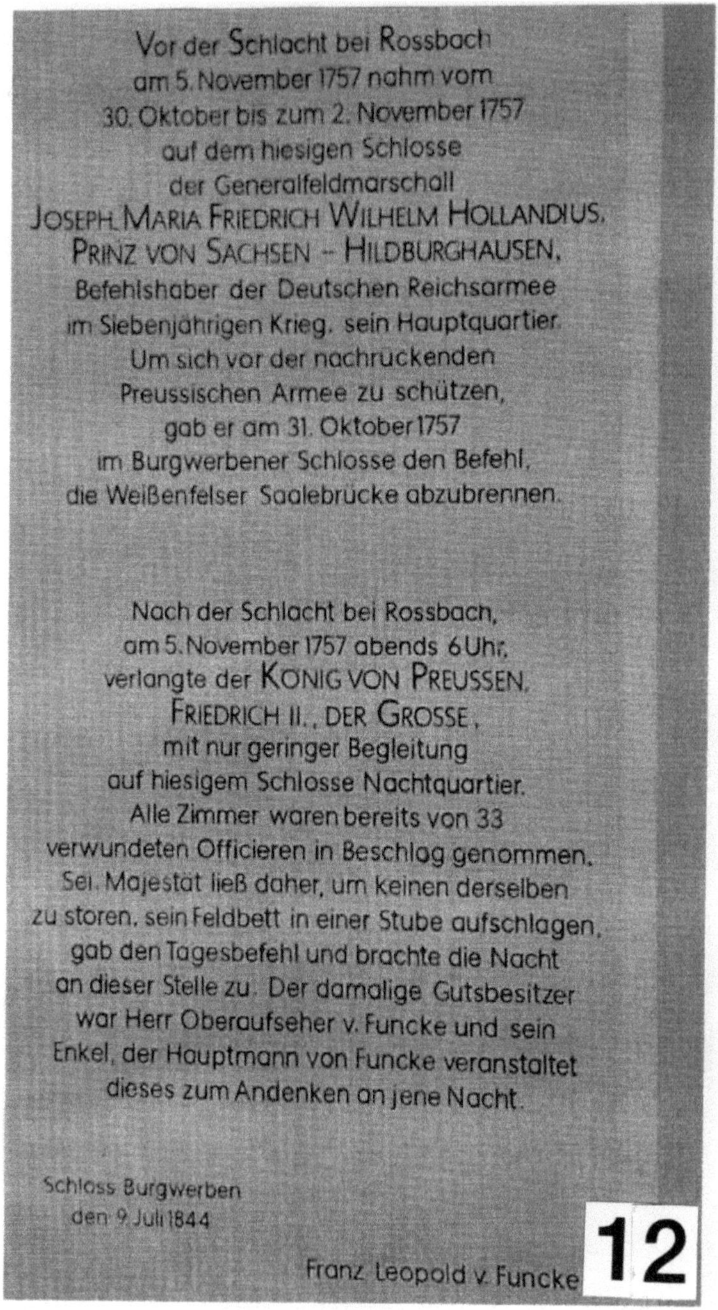
Vor der Schlacht bei Rossbach
am 5. November 1757 nahm vom
30. Oktober bis zum 2. November 1757
auf dem hiesigen Schlosse
der Generalfeldmarschall
JOSEPH MARIA FRIEDRICH WILHELM HOLLANDIUS,
PRINZ VON SACHSEN – HILDBURGHAUSEN,
Befehlshaber der Deutschen Reichsarmee
im Siebenjährigen Krieg, sein Hauptquartier.
Um sich vor der nachrückenden
Preussischen Armee zu schützen,
gab er am 31. Oktober 1757
im Burgwerbener Schlosse den Befehl,
die Weißenfelser Saalebrücke abzubrennen.
Nach der Schlacht bei Rossbach,
am 5. November 1757 abends 6 Uhr,
verlangte der KONIG VON PREUSSEN,
FRIEDRICH II., DER GROSSE,
mit nur geringer Begleitung
auf hiesigem Schlosse Nachtquartier.
Alle Zimmer waren bereits von 33
verwundeten Officieren in Beschlag genommen.
Sei. Majestät ließ daher, um keinen derselben
zu storen, sein Feldbett in einer Stube aufschlagen,
gab den Tagesbefehl und brachte die Nacht
an dieser Stelle zu. Der damalige Gutsbesitzer
war Herr Oberaufseher v. Funcke und sein
Enkel, der Hauptmann von Funcke veranstaltet
dieses zum Andenken an jene Nacht.
Schloss Burgwerben
den 9. Juli 1844
Franz Leopold v. Funcke

12

Von hier aus beobachtete
FRIEDRICH DER GROSSE
die Franzosen bei Rossbach
am 1. und 2. November 1757.

FRIDERICVS·MAGN·D·G:REX·BORVSS·EL·BRAND·DVX·SILES
LISSA·DEC5

13

Der erste Akt – Seydlitz greift zum ersten Mal an

„Auch über verwerflichem menschlichen Tun, wie Kriege und Schlachten, kann jener Hauch Großartigkeit schweben, der die Geschichte überdauert.“

Wir wollen hier auf gar keinen Fall in die Jubeltöne vergangener Epochen einstimmen, welche aus König Friedrich infolge seines Sieges bei Roßbach einen militärischen Übermenschen machten. Aber es ist auch heute noch klar, dass er zum ersten Mal in diesem seit 1756 ausgebrochenem Krieg seine Qualitäten als Feldherr ausspielen kann; die durchaus nicht durch Fehlverhalten seiner Gegenspieler geschmälert werden. Das Wahrnehmen von günstigen Gelegenheiten, wozu das Erkennen gegnerischer Fehler gehören, wird in Zukunft zu den wichtigsten Aufgaben Friedrichs zählen. Jetzt trifft er seine Anordnungen so, dass eigentlich nichts mehr schiefgehen kann.

Seydlitz lässt seinen Marsch durch 5 Schwadronen Székely-Husaren auf den Höhen in der rechten Flanke verschleiern, wodurch Kundschafter der Gegenseite gehindert werden, Informationen über die preußische Hauptmacht einzuholen. Schon jetzt denkt der Reitergeneral an die bevorstehende Attacke, indem er seine Regimenter größere Abstände als üblich nehmen lässt, um beim Einschwenken zum Angriff entsprechende Zwischenräume zu gewinnen.

Als entscheidend wird sich das Mitgehen der schweren Artillerie unter Oberst von Moller erweisen, die rechts neben der Spitze des ersten Infanterietreffens marschiert. Friedrich selbst ist stets vorn, weil sich sein Schlachtplan nach den Umständen, die sich ändern könnten, zu richten hat. Auf ihrem Marsch nach Osten erreicht die preußische Infanterie den Hohlweg von Groß Kayna, da gibt der König Oberst von Moller den Befehl, die Batterie von 18 schweren Geschützen auf dem Janushügel auffahren zu lassen. Und da sind sie schon, die Spitzen der feindlichen Kavallerie, ein wenig nördlich über dem Dorf Reichardtswerben hinaus. Sie werden sofort, es ist jetzt 3 Uhr 15, unter Feuer genommen.

Damit sind wir an dem Punkt unserer Abhandlung angekommen, wo zum ersten Mal als Einleitung sozusagen, bewusst und scharf auf Menschenleben geschossen wird. Bisher gab es zum Auftakt der Schlacht von Roßbach nur Schusswechsel, so genannte Scharmützel oder bewaffnete Techtelmechtel. Artilleriefeuer damals! Es mag Soldaten, welche den Zweiten Weltkrieg mitgemacht haben, mehr als Feuerwerk erscheinen. Aber das war es nicht. Klar, die Entfernung zur Feuereröffnung war gering gegen später, jeder vorgehende Soldat schaute den Kanonen sozusagen ins Maul und in Deckung gehen gab es noch nicht. Durchweg wurde in einer Schlacht auf Ansammlungen von Menschen und Pferden geschossen, und mit Voll- und Kettenkugeln und Kleinteile wie Kartätschen ungeheure Verluste und schwere Verwirrungen in den Kolonnen und Treffen der Infanterie und den Zusammenballungen der Kavallerie angerichtet werden.

Die bei den Preußen bisherige übliche Methode, Batterien nur mit zehn Geschützen verschiedener Kaliber auffahren zu lassen, hat Friedrich hier bei Roßbach nicht eingehalten, so dass jetzt 18 auf ein Ziel schießende schwere Geschütze eine Feuerkraft darstellten, die auch härteren Gegnern schwer zu schaffen machte. Auf 350 Schritt Entfernung wurde jetzt von den Preußen mit Kartätschenfeuer auf die Angriffsspitzen der feindlichen Kavallerie begonnen. Die zügig und ungestört arbeitenden preußischen Kanoniere der 18 Geschütze, die immer hintereinander schossen, um keine Lücke entstehen zu lassen, brachten es auf 70 bis 80 Schuss in der Minute – somit ging ein Geschosshagel auf die Angreifer nieder, den sie hier nicht erwartet hatten.

Prinz Hildburghausen sieht das Ganze mit Besorgnis, aber weil er meint, dass diese preußischen Kanonen nur den Rückmarsch ihrer Armee zu decken hätten, geht es unverdrossen weiter und auf die eigentlich notwendige Aufklärung wird weiterhin verzichtet. Kurz hiernach fährt eine französische Batterie von acht schweren Geschützen westlich des Weges von Reichardtswerben nach Groß Kayna auf, um das preußische Feuer zu erwidern. Aber infolge ihres niedrigen Standortes kann sie die preußischen Geschütze, von denen auf dem Hügel nur die Mündungen zu sehen sind, nicht treffen. Schon durch das Artilleriefeuer wird die Lage der feindlichen Kavallerie bedrohlich, denn Ordnung und Formation bedeutet alles bei dieser Waffengattung, wenn ihr Angriff etwas ausrichten soll. Doch nun ballen sich Reiter und Pferde zu stürzenden, schnaufenden und wiehernden Knäueln, während die nachfolgenden Truppen vorwärts drängen und ebenfalls ins Feuer der preußischen Kanonen geraten.

In dieser Situation, welche die Schlacht einleitet, wollen wir ein paar Exkursionen machen, Ausflüge also, die uns das Verständnis für damalige Schlachten schärfen sollen.

Exkurs „Artillerie-Kreuzfeuer“. War es einer Partei gelungen, Hügel und Höhenzüge mit Artillerie zu besetzen, dann konnte sie gegnerische Ansammlungen wirksam unter Kreuzfeuer nehmen. Das war auch damals eine unangenehme Sache, obwohl es noch keine Sprenggranaten gab. Aber Vollkugeln, Kettenkugeln und Kartätschen rissen tiefe Lücken in die Infanterielinien und Kavallerieverbände, verhinderten ihre Aufstellung zur Schlacht und ein geordnetes Vorgehen, Voraussetzung, den Gegner vom Schlachtfeld zu vertreiben. Wir müssen bedenken, dass späteres Deckungnehmen nicht galt und die Soldaten dem Feuer des Gegners offen ausgeliefert waren.

Exkurs „Kavallerie gegen Kavallerie“. Worauf kam es an, wenn Reitermassen aufeinander prallten? Mit möglichst weitem Anlauf und größtmöglicher, in Manövern eingeübter Ordnung galoppierten die Schwadronen aufeinander zu, die Reiter mit geschwungenen Säbeln, und dann kam es darauf an, wer beides, Säbel und Pferd am besten beherrschte. Man suchte sich in „ritterlichen“ Fechtmanövern vom Pferd zu stechen, dem Kontrahenten „eins überzubraten“ und dabei zu verhindern, selbst abgestochen zu werden. Denn natürlich durften dritte und vierte eingreifen und helfen. Waffengeklirr, Stampfen und Wiehern der aufs Äußerste geforderten Pferde, Schmerzensschreie, Beschimpfungen und Befehle – die Luft war lärm- und staubgefüllt...

Wankte eine Partei, wich sie vielleicht schon, dann war Nachsetzen das Gebot der Stunde...

Exkurs „Infanterie gegen Kavallerie“. Die Idealsituation in einer Schlacht des 18. Jahrhunderts: Gut eingeübte Infanterie, die selbst nicht belästigt wird, feuert aus allen Rohren und in aller Ruhe auf die feindliche Kavallerie. Ein Kugelhagel, deutlich sorgfältiger gezielt als beim Kampf der Infanterie gegen ihresgleichen, klatscht in die Masse der Reiter und Pferde und bringt sie in völliges Durcheinander. Die von vorn getroffenen Pferde stürzen meist sofort nieder, wird aber nur der Reiter getroffen, fällt er nicht immer zu Boden, sondern wird vom abgaloppierenden Pferd mitgeschleift. Ein ungestört feuerndes Infanterie-Bataillon wirkte wie ein feuerspeiernder Vulkan.

Exkurs „Kavallerie gegen Infanterie“. Was war damals die Traumvorstellung des Kavalleristen? Das ist ganz einfach zu beantworten: Einmal so richtig nach Herzenslust dreinhauen! Zum Beispiel in feindliche Infanterie, welche anderweitig beschäftigt und damit in ihrer Aufmerksamkeit abgelenkt oder selbst von feindlicher Infanterie beschossen wird. Dann kommt die Stunde der Kavallerie, allerdings nur, wenn sie vorher parat stand und möglichst noch unverbraucht ist. Wird abgekämpfte Infanterie von frischer Kavallerie angegriffen, dann ist sie verloren.

Exkurs „Einschwenken in die Schlachtlinie". Was es damals hieß, aus der Marschkolonne in die Aufstellung zur Schlacht einzurücken, können wir uns heute kaum noch vergegenwärtigen. Tausende von Infanteristen mussten, oft unter dem Artilleriefeuer des Feindes, eine Schwenkung in deren Richtung vollziehen, alles in höchster Ordnung eines gut funktionieren Gleichschritts natürlich, denn bei „Confusionen" war die Schlacht schon halb verloren, und von einem Längsmarsch ohne anzuhalten in einen Quermarsch überzugehen. Nicht ohne Grund hatte Friedrich diese Übung auf dem Bornstedter Feld bei Potsdam immer wieder exerzieren lassen. Ein Problem war auch, dass die einzelnen Bataillone und Regimenter aufschlossen und keine Lücke entstehen ließen, in die feindliche Kavallerie hätte stoßen
können.

Exkurs „Reserve". Wie es uns auch heute richtig erscheinen wird, hatten beide Kriegsparteien ihre Reserven in der Hinterhand. Diese bestand damals meist aus Kavallerie, welche man je nach Gelände versteckt oder offen aufstellen konnte. Auch wenn die Schlacht „stand", wie der Feldherr beim Nochremis sagte, hatte sie zu beobachten und stillzuhalten, auf Befehle zu warten und doch den Überblick zu behalten. War es nicht notwendig geworden, die Reserve in der laufenden Schlacht einzusetzen, dann konnte sie die Verfolgung des geschlagenen Feindes übernehmen.

Doch nun zurück zur Schlacht von Roßbach! In der gegenwärtigen Situation lässt Friedrich die Marschrichtung der Infanterie, die den erwähnten Hohlweg erreicht hat, zur entscheidenden Schwenkung ändern. Serydlitz hat seine Kavallerie südlich Groß Kayna weiter vorgehen lassen, er selbst ist unter Bedeckung von Husaren auf der Höhe geblieben, um alle Vorgänge beobachten zu können. Ohne vom Feind bemerkt zu werden, formieren sich hinter dem Pölzenhügel 15 Schwadronen zum ersten und 18 Schwadronen zum zweiten Treffen. 5 Schwadronen der Székely-Husaren, die bisher die Artillerie deckten, ziehen sich um den Hügel herum zum linken Flügel. Seydlitz hat hier völlig freie Hand zum Einsatz seiner Kavallerie. Nachdem die Spitzen der feindlichen Kavallerie, noch immer ohne wirksame Aufklärung voraus, den Weg von Groß Kayna nach Reichardtswerben überschritten haben kann, bricht das Unheil über sie herein; es ist 3 Uhr 30.

Unser Dragoner vom Württembergischen Kreis-Regiment ist auch hier dabei gewesen und berichtet:

„Als nun die sämtliche Cavallerie der combinirten Armee in größter Sicherheit, indem man sahe, wie die Preußen erst ganz gemächlich ihre zelte abbrachen, und bedachtsam nach und nach aufmarschirten, gedachte Anhöhe escadronsweise meist herab defilirt war, so fiel uns Nachmittags um 2 Uhr die hinter solcher verborgene preußische Armee derselben als Blitz auf den Hals. Es wurde ein entsetzliches Kanonen- und Kartätschenfeuer, wodurch ganze Reihen und Glieder als mit einer Sense darnieder gestreckt wurden, gemacht; und da die preußische Cavallerie zugleich in der größten Furie einhieb, so gerieth alles in Unordnung, und sämtliche Cavallerie um so leichter zerstreut, da die Generalität sich verritten hatte, und kein Commando bei solcher war.“

Ein französischer Bericht gibt zu:

„Wir wurden überrascht. Die preußische Kavallerie stürzte mit einer unglaublichen Geschwindigkeit hinter dem Höhenzug hervor.“

Auch Fähnrich von Barsewisch ist wieder mit von der Partie:
„...um 3 Uhr fing die Canonade an, und die Armee stand dergestalt in Schlacht Ordnung, daß unsere Cavallerie vom linken Flügel sogleich die feindliche Cavallerie bei dem 2ten Choc unter dem Befehl des General Seydlitz in der Flucht trieb und viele feindliche Infanterie Regimenter gäntzlich ruinirte.“
In der preußischen Relation (Bericht, Mitteilung) zur Schlacht heißt es kurz und knapp:
„Um 3 Uhr sahen wir daß sie unsern linken Flügel paßirt waren, und ihren Marsch auf Merseburg nahmen. Hieraus wurde unsere Armee in Schlachtordnung gestellt, und durch eine halbe Wendung links marschirten wir dem Feinde immer zur Seiten. Wir erreichten den Hügel, welche unsere Cavallerie auf eine solche Art einnahm, daß sie der feindlichen Cavallerie in die Flanke kam, und sie nach verschiedenen Angriffen über den Haufen warf, und zerstreute.“
Hier haben wir für alle von uns, welche die Märsche auf der Karte nicht verfolgen wollen, die simple Erklärung: Zwei Armeen marschieren eine Zeitlang nebeneinander in derselben Richtung, bieten sich also gegenseitig die Flanke, und die eine biegt plötzlich ab, um über die andere herzufallen.

Seydlitz’ Überraschung gelingt, der Angriff allerdings nicht ganz: Der Stoß gegen die Front und rechte Flanke der unaufmerksamen Reiterei dringt nicht durch – was folgendes bedeutet: Ziel eines jeden Angriffs der Kavallerie der Zeit, hier stürmen 15 Schwadronen, das sind 1.800 säbelschwingende Kavalleristen auf ebenso vielen schweren Pferden den Abhang hinab, war, mit der Masse durch die gegenerischen Aufstellungen, Reihen und Versammlungen durchzubrechen. Dann konnte man sie von hinten angehen, zusammenhauen und auseinander sprengen. Drang der erste Angriff nicht durch, wurden die Reiter in Handgemenge mit Kollegen oder Infanteristen verwickelt. Unter Umständen war dies eine verlustreiche Sache, so dass es besser schien, umzukehren, sich zu sammeln und erneut zu attackieren. Noch besser war es, wenn ein zweites Treffen eingreifen konnte.

Seydlitz' Reiter haben, wie gesagt, die Überraschung für sich, aber auch die besten feindlichen Regimenter vor sich: Österreichische Kürassiere, die Regimenter Bretlach und Trauttmansdorff, denen es auch gelingt, notdürftig aufzumarschieren und den ersten preußischen Treffen entgegenzustürmen. Ihnen allen voran Feldherr Prinz Hildburghausen selbst und Generalmajor Baron Bretlach. Hinter ihnen formieren sich noch die Kurpfalz-Kürassiere und die Dragoner Württemberg und Ansbach und die bekannten Széchenу-Husaren. Zwar kommt die übrige Reichskavallerie wegen ihrer Langsamkeit und der Enge nicht mehr dazu, wirksam einzugreifen – aber Seydlitz ist mit seinen Männern in etwas hineingeraten, das er um jeden Preis hatte vermeiden wollen: ein Handgemenge auf der Stelle. Denn jetzt kann er seine eigenen Qualitäten und die seiner Leute, nämlich auch im Getümmel die Übersicht zu behalten, gut zu führen und schnell zu reagieren, nicht voll und ganz ausspielen.

Eine französische Battereie eröffnet sogleich das Feuer auf die Preußen. Die Schlacht hätte hier bereits zu Ungunsten der Preußen entschieden werden können, wenn Seydlitz nicht vorgesorgt hätte: Ehe nachrückende feindliche Kräfte in das Getümmel eingreifen können, lässt er sein zweites Treffen vorpreschen, und zwar so genial geführt, dass beide Flügel des Gegners umfasst werden – ein Alptraum für jeden Soldaten!

Zu gleicher Zeit greifen auch die vorher um den Hügel herum beorderten Székely-Husaren in den Kampf ein. So erhält das erste Treffen die Möglichkeiten zum Nachhauen, womit die Traumvorstellung eines jeden Kavalleristen verwirklicht werden kann: Einhauen von hinten oder schräg seitlich, das heißt, den schweren Säbel auf Flüchtende niedergehen zu lassen. Das geschieht so gnadenlos wie möglich, so dass diese Flüchtenden, einmal auf Trab und Galopp gebracht und jeder Chance beraubt, sich umdrehen zu können, nichts anderes im Kopf und in den Beinen haben, als ihren Pferden die Sporen zu geben und so weit wie möglich zu entkommen; niemand vermag sie aufzuhalten. Ein solcher Vorgang heißt, aus der Sicht des Verfolgenden und Siegers, „werfen“. Dies geschieht den Reichsarmee-Schwadronen nun so gründlich, dass sie nicht nur vom Schlachtfeld geworfen, sondern auch in jene prallen, die zu ihrer Rettung herbeieilen wollen.

Jetzt nämlich erscheinen die französischen Regimenter auf dem Schlachtfeld, 14 Schwadronen von Broglie und 10 von Maillay, die alle versuchen, die Preußen rechts und links zu überflügeln. Sie hätten vielleicht einiges erreichen können, wenn ihnen die geschlagene Kavallerie der Deutschen und Franzosen, gejagt von neu formierten preußischen Schwadronen, nicht entgegengekommen wäre. So ist nichts zu machen, der Strom reißt alle mit, zu wuchtig ist der Stoß der preußischen Kavallerie. Im Durcheinander kommt es zu unglaublichen Szenen: Während Mayllys Reiter eingreifen, kommt ein Regiment, das er wegen der ähnlichen Uniformen für die Reichskavallerie irgendeines Kreises hält, im Trab an ihm vorüber, und ehe er und seine Leute den Irtum erkennen, macht es geschlossen kehrt, um ihn von hinten anzugreifen. Die Flucht ist allgemein, einzelne tapfere und entschlossene Truppenteile, besonders der Franzosen, können an der ersten Niederlage des Tages nichts ändern. Auch die französische Artillerie wird von den Preußen erobert. „Unser“ Dragoner berichtet zum letzten Mal:

„Nach einer Stunde kam endlich die französische Infanterie mit Kanonen anmarschirt. Sie that den Preußen tapfern Widerstand, und nöthigte sie zum Weichen. Die bereits zerstreute Cavallerie bekam dadurch frischen Muth, und avancirte wieder gegen die Preußen. Allein da diese auf einmal mit der größten Force wieder auf die Franzosen anprellten, so wurden diese völlig über den Haufen geworfen, und ihre Kanonen erobert, welche die Preußen sogleich wendeten, und selbst auf sie abfeuerten.“

Die geschlagene gemischte Kavallerie des Reichs und der Franzosen strömt westlich an Reichardtswerben vorbei gegen Storkau und Obschütz, um in der Hauptsache für diesen Tag ausgeschaltet zu sein. Das ist sehr wichtig, denn der Gesamtsieg ist keinesfalls gesichert. Große Verluste entstehen noch einmal am Hohlweg nördlich von Reichardtswerben, wo Seydlitz’ Reiter ihrer liebsten Beschäftigung frönen können: von hinten in das Gedrängel der Flüchtenden, ein regelrechter Stau dies, einhauen zu dürfen. Der wichtigste Erfolg bisher ist, dass die flüchtige Kavallerie in die anrückende Infanterie gerät und den gesamten weiteren Aufmarsch durcheinander bringt.

Wenn erst einmal der Schreckensruf „Lauft Kameraden, es ist alles verloren“ durch eine Armee dringt, ist meist tatsächlich alles verloren. General Seydlitz lässt freilich nur bis an den Hohlweg verfolgen, bedenkend, dass er woanders besser gebraucht werden kann, dann nordöstlich Reichardtswerben sammeln und führt seine Schwadronen in das Gelände zwischen Tagwerben und Storkau. Diese Bereitstellung, er steht nun in der linken Flanke der feindlichen Infanterie, beweist den genialen „Schlachteninstinkt“ eines Mannes, welcher der Held des Tages werden sollte.

Der zweite Akt – der Infanteriekampf von 4 Uhr bis 4 Uhr 30

In der Hitze der Schlachtschilderung haben wir Friedrich ein wenig aus den Augen verloren. Aber er war natürlich nicht untätig. Sein Beobachtungsplatz zur Zeit von Seydlitz'Attacke ist ein Lunstädter Rüster genannter Punkt, von dem aus er jetzt den Befehl zum Antreten seiner Infanterie gibt. Vorher weist er Prinz Ferdinand von Braunschweig, der den rechten Flügel kommandiert, an, die Korps St. Germain und Laudon nicht aus den Augen zu lassen; denn den Zweck ihrer Aufstellung kann Friedrich nicht bekannt sein. Sollten sie einschreiten wollen, müsste er ihnen einige Bataillone entgegenstellen.

Die preußische Infanterie geht nun vor wie auf den Manöverfeldern von Bornstedt oder Schlesiens. Man kann davon ausgehen, dass nur wenige Soldaten der kombinierten Armee, vielleicht einige der Österreicher, je mit echter preußischer Infanterie Bekanntschaft gemacht haben, notfalls kennen sie diese Soldaten vom Hörensagen, ihre Feuerkraft, ihren Marschtritt, ihr kaltblütiges Anrücken auf Schrittentfernung, aus der wirksam geschossen werden kann. Diese Infanterie genießt nun den Vorteil, im Aufmarsch unbehindert zu bleiben, denn die gefürchtete feindliche Artillerie rührt sich nicht, ist erbeutet, ausgeschaltet, nicht rechtzeitig herangekommen oder zurückgelassen worden. Mit 50 Schritt Abstand und in Echolons versetzt rücken die preußischen Bataillone über den Höhenzug, der sie bisher verborgen hat, zügig heran, um nach Bildung der gestaffelten Linie halblinks östlich Lunstädts an den genannten Hohlweg nördlich Reichardtswerben zu kommen. Als der linke Flügel ihn erreicht, war die geschlagene feindliche Kavallerie soeben gegen Süden vorbei geflüchtet.

Der rechte Flügel, den Friedrich etwas zurückhält, erreicht den Südosten von Lunstädt. Friedrich, der seine Truppen wahrhaft königlich führt und vollkommen den Überblick behält, lässt jetzt die Bataillonsstaffeln zur Linie einschwenken, 5 Bataillone des linken Flügels rascher vorgehen, „mit starken Schritten“, wie es im Bericht heißt, und den Rest des Flügels, die Mite und den rechten Flügel jedoch langsamer, also kürzer treten – es entsteht damit sein so genanntes „Lieblingskind“, die schiefe Linie. Immer ist er bestrebt, die gegnerische Aufstellung an den Flanken zu packen und so mit lokaler Übermacht aufzurollen. Er selbst schildert diese dramatischen Augenblicke in der nüchternen Sprache eines Soldaten:

„Der König selbst ritt bis auf 200 Schritt an die beiden französischen Treffen heran und sah, dass sie abwechselnd in Bataillonskolonnen und in aufmarschierten Bataillonen formiert waren. Der rechte Flügel Soubises hing sozusagen in der Luft. Da aber die preußische Kavallerie noch bei der Verfolgung der feindlichen Reiterei war, konnte man diesen Flügel nur mit Infanterie umfassen. Zu dem Zweck zog der König zwei Grenadierbataillone vor und ließ sie auf seiner linken Flanke einen Haken bilden, mit dem Befehl, in dem Augenblick, wo die Franzosen zum Angriff vorgingen, halb rechts zu schwenken. Dadurch mussten sie dem Feind notwendig in die Flanke fallen.“

Wenn auch diese Schilderung kaum durchblicken lässt, mit welchen Schwierigkeiten derartige Manöver verbunden sind, so erkennen wir doch eindeutig: Friedrich ist Herr der Lage und nutzt sie gekonnt aus. Einem Feldherrn wie Friedrich darf man Fehler nicht anbieten, er erkennt sie sofort, schließlich „ritt er 200 Schritt heran“ und handelte entsprechend.

Während wir also stets von preußischer Ordnung erfahren, müssen wir uns zwischendurch doch auch über die Gegenseite auslassen. Deren Infanterie ist durch den ungünstigen Ablauf des Reiterkampfes in Verwirrung geraten, bereits „erschüttert“, wie die Militärs es ausdrücken, und das Schlimmste steht unmittelbar bevor: das Anrücken der Preußen! Es gelingt mühsam, die vordersten Regimenter jedes Treffens zum Angriff zur formieren, wofür sich der verwundete Hildburghausen in vorderster Linie einsetzt. Die Regimenter Piémont, St. Chamont, Mailly und La Marck, alles erstklassige reguläre Truppen, bilden die Angriffskolonne, hinter ihnen als Reserve Poitou und Provence. Die Kolonne der Reichsarmee unter Georg von Hessen-Darmstadt sollte in beiden Treffen in die rechte Flanke einschwenken. Ja, wenn das alles so gelungen wäre wie bei den Preußen! Die ersten drei Regimenter marschieren befehlsgemäß, aber 6 fränkische Bataillone geraten in die Panik, welche die fliehende Kavallerie verbreitet, und keiner der energisch eingreifenden Offiziere ist in der Lage, den Anschluss an diese Flucht zu unterbinden. Die Reserve-Artillerie der Reichsarmee, - gerade hier wäre ihr Einsatz notwendig gewesen -, bleibt stecken und stehen, weil ihre Mannschaft die Pferde abspannt und mit ihnen davonjagt.

In dieser konfusen Situation geht der preußische Aufmarsch ruhig und kaltblütig weiter. Friedrich unterbindet augenblicklich das Bemühen der Gegner, sich nach rechts zu entwickeln, indem er seinen linken Flügel mit 3 Bataillonen verlängert und die 8 Bataillone ein Achtel rechts schwenken lässt; es entsteht somit durch das Regiment Kleist ein stumpfer Winkel. Weil während des weiteren Vorrückens zwischen den Regimentern Kleist und Forcade eine Lücke entsteht, müssen drei Bataillone des zweiten Treffens sie auffüllen. Inzwischen haben die schweren Batterien unter Oberst Moller den Janushügel verlassen, sind durch Reichardtswerben vorgegangen und beziehen westlich des Ortes Stellung. Ferdinand von Braunschweig beordert den Rest des schweren Geschützes südlich Nahlendorf vor den rechten Flügel. Es bedarf keiner ausgeprägten Fantasie sich vorzustellen, wie perfekt das preußische „Empfangskomitee“ für den Besuch von Reichsarmee und Franzosen gerüstet ist.

Einmütig sprechen die Zeitberichte darüber, dass die kombinierte Armee den Preußen nicht anderes als ihren Mut entgegenzusetzen hatte:

„Die feindlichen Feldherren, nicht bekannt mit der taktischen Kriegskunst, die sie hier vor ihren Augen vom König ausgeführt sahen, wussten nichts weiter zu tun, als ihre Heersäulen zum eiligsten Fortmarsch anzutreiben, um dadurch die verlorene Flanke wiederzugewinnen, was ihnen aber nicht gelang, noch auch bei der bewunderungswürdigen Geschicklichkeit der preußischen Manöver gelingen konnte. Ihre Lage war schon jetzt, ehe die Schlacht noch begonnen hatte, verzweifelt.“

Bei den Formierungen kommt es besonders unter den Franzosen zu unerhörten Unordnungen. Die sich steigern, als die zwischen erstem Treffen und dem Reservekorps eingekeilte Artillerie nach vorn drängt und sich zu entwickeln sucht. Üblicherweise wird in allen Armee der Zeit die Artillerie soweit wie möglich durch Pferdekraft, vier- bis sechsspännig, nach vorn gebracht, ehe die Tiere ausgespannt und in Sicherheit und die Kanonen von ihren Mannaschaften weiter vortransportiert werden. Eine Tätigkeit, welche Sicherheit, Übung, eindeutige Befehle und Kaltblütigkeit erfordert. Es gelingt den Franzosen immerhin, einige Batterien am Nordhang des Lohehügels in Stellung zu bringen, die für kurze Zeit auch feuern können. Der Rest der Artillerie, das erste Treffen und eine Brigade der Reserve ballen sich, wie das GStW schreibt, „mehr und mehr in einem wirren Knäuel“. Die Unordnung greift auf das zweite Treffen über, selbst das Gewehrfeuer, das die

Mannschaften nur auf Befehl ihrer Offiziere abzugeben haben, wird dem Zufall überlassen. Panik entsteht, das zweite Treffen wendet sich zur Flucht. Die Schweizer Regimenter, Kontingente der Franzosen, und die Brigade Wittemer auf dem linken Flügel versuchen standzuhalten.

Über die Feuerkraft des so genannten kleinen Gewehrs sind aus damaliger Zeit übertriebene Ansichten überkommen; wir haben schon etwas darüber verlauten lassen. Die Durchschlagskraft von Bleikugeln der Vorderlader war auf 50 Schritt zwar gefährlich genung für getroffene Soldaten, aber es wurde meist auf viel größere Entfernungen zu schießen begonnen, der Nerven wegen, was verständlich ist, und dann prallten viele Kugeln, sofern sie denn trafen, an der stabilen Montur der Soldaten ab. Auch hat der Bajonettkampf, welcher mit dem Aufeinanderprallen Mann gegen Mann zu beginnen hatte, viel seltener als geschildert stattgefunden – denn meist wandte sich eine Seite vorher zur Flucht. Überhaupt sollte man sich das traditionelle Aufeinander-Losmarschieren der Treffen als gewaltiges Imponiergehabe vorstellen.

Aber neben dem kleinen Gewehr ist da noch „das dicke". Bei Roßbach erleben die preußischen Kanoniere, was später in den Schlachten mit den Russen, (Zorndorf zum Beispiel), zur Tagesordnung gehörte: Das „Hineinhalten" mit schwerem Geschütz in geballte Menschenmassen. Fähnrich von Barsewisch hat es mit angesehen und geschildert:

„...unter wärenden Canoniren traffen unsere Infanterie Bataillons vom linken Flügel gegen den französischen Schweizer Corps, so sich in einer Colonne, und in der Gestalt einer Römischen Falance, aus Mangel der Zeit und des Raums wohl 100 Mann hinter einander gestellet, und chargirten dergestalt, daß diese unüberwindliche Schweizer Falance mit Hinterlassung vieler tausend Todten, und die ganze französische Armée in einer solchen Confusion und

Flucht gerieth, daß bei einbrechender Nacht, sie mit Hinterlassung Ihres Geschützes von unsern linken Flügel föllig geschlagen waren."

Mut und Entschlossenheit können vielen Truppen der Verbündeten nicht abgesprochen werden. Diejenigen Regimenter und Bataillone, denen die Herstellung der Angriffsformationen geglückt ist, darunter Poitou, Mailly und Piémont mit Prinz Hildburghausen in vorderer Front, rücken den Preußen mit gesenktem Bajonett unter den Rufen „Vive le Roi!" herzhaft entgegen, bis auf vierzig Schritt etwa, dann sind sie im idealen Feuerbereich nicht nur der Regimentsgeschütze und der Artillerie Mollers, sondern auch der Infanterie; auf diese Entfernung (oder Nähe) mag tatsächlich jede preußische Kugel ihr Ziel gefunden haben.

Stückkugeln der 12-Pfünder, obwohl sie keine Sprenggranaten sind, reißen schmale Gassen in gedrängte Menschenmassen. Jetzt rächen sich Unordnung und unkontrolliertes Vorgehen. Eine Kompanie des Regiments Piémont wird aufgerieben. Die preußischen Grenadiere schießen wie auf dem Exerzierplatz, schnell und treffsicher wie keine andere Armee der Welt. Wenige Salven genügen, um die feindlichen Kolonnen zunächst zum Wanken zu bringen und dann in die Flucht zu schlagen. Friedrich berichtet: „Sobald die Franzosen zur Front einschwenkten, bekamen sie das Feuer der Grenadiere in die Flanke. Nachdem sie höchstens drei Salven des Regiments Alt-Braunschweig ausgehalten hatten, sah man ihre Kolonnen gegen den linken Flügel drängen. Bald hatten sie die zwischen ihnen stehenden aufmarschierten Bataillone zusammen gedrückt. Von Minute zu Minute wurde die Infanteriemasse dichter, schwerfälliger und verwirrter, und je mehr sie sich auf ihre eigene Linke warf, desto mehr wurde sie von der preußischen Front überflügelt."

Das Fiasko dieser Infanterieschlacht ist nicht mehr aufzuhalten. Als, so heißt der Fachausdruck, „die Kolonnen um ihre Fahnen zu wirbeln“ beginnen, rücken die preußischen Bataillone weiter vor, im Stopp-and-go-Verfahren sozusagen immerzu ladend und schießend, bis der Angriff der französischen Regimenter im mörderischen Feuer zusammenbricht. Wo es möglich ist, hält auch die preußische Artillerie in die wankenden Truppen hinein, auch in die anrückende Reserve und den feindlichen Artilleriepark. Flucht wird nun das letzte Mittel zur Rettung. Was ist mit der französischen Artillerie los? Die gefürchtete, von der heute kaum etwas zu hören ist? Fähnrich von Barsewisch gibt auch hier die Erklärung:
„...und erlitten daher weiter keinen Verlust, außer einige Mann durch die französischen Canonade, indem wir gleich im Anfang so nahe an den Feind rückten, daß die mehrsten Kugeln über uns weg strichen besonders da Ihre Canonen in der Eyle gegen einen Anberg aufgeführt und dahero fornen höher als hinten standen, und Ihre weltberühmte Artilleristen bey unserer tapferen Beantwortung, daß Richten des Geschütz, mögen gänzlich vergessen haben.“
Was ist mit den Reichsregimentern los, die noch gar nicht in den Kampf eingegriffen haben? Auch hier weiß unser tapferer Fähnrich gut Bescheid:
„Die Truppen von der Reichs Armée blieben während dem Treffen in dem französischen Lager gegen unsern rechten Flügel im Gewehr stehen, und hatten das Vergnügen, von der Höhe Ihrer Retrenchements Ihre combinirte französischen Freunde in der größten Confusion mit der Ihnen eigenen Leichtigkeit, das Schlacht Feld räumen zu sehen.“

Das stimmt, denn die drei vorderen Regimenter der Reichsarmee erwarten die drohende Umklammerung durch den linken preußischen Flügel ohne zu schießen, und die Geschütze ihres Regiments Blau-Würzburg schleudern ein paar Kartätschen erst, als das zweite französische Treffen die Flucht ergreift. Das Regiment Kurtrier feuert eine Salve und löst sich anschließend regelrecht auf. Da bleibt auch Georg von Hessen nichts anderes übrig, als mit seinen Regimentern Hessen-Darmstadt und Blau-Würzburg zurückzugehen. Damit ist die Infanterieschlacht zu Ende.

Wo auf der Flucht noch Widerstand geleistet wird, geht er von einzelnen Truppenteilen aus, wobei sich die französischen Schweizer Regimenter besonders auszeichnen. Wie es dabei hergeht, teilt ein französischer Bericht mit:
„Alles vermengte sich und es war unmöglich, eine Ordnung wieder herzustellen oder Einhalt zu tun, obgleich Soubise und alle Generale und Offiziere taten, was tunlich war. Die preußische Infanterie folgte der unseren, gab ihr Feuer ab, sobald einige Truppen sich zu sammeln begannen, und schoss in stetem Marsch, ohne daß ein einziger Mann aus Reih und Glied kam. Die Artillerie zielte ununterbrochen auf uns."
Prinz Hildburghausen berichtete dem Kaiser:
„Wenn man meinte, eine Eskadron oder ein Bataillon beieinander zu haben, durfte nur eine einzige Stückkugel dazwischen fahren, da lief alles wie Schafe davon."
Von einer riesigen hartnäckigen Infanterieschlacht kann keine Rede sein: Nur 7 Bataillone des linken Flügels sind zum Feuern gekommen, zwei von ihnen verschossen pro Schütze 12 bis 15 Patronen, andere noch bedeutend weniger; das bedeutete nicht viel für preußische Verhältnisse. Doch noch ist der Tag von Roßbach nicht zu Ende!

Der dritte Akt – Seydlitz greift zum zweiten Mal an

Jeder Feldherr der Zeit sorgte dafür, gegen Ende einer Schlacht einen Joker präsentieren zu können, eine Überraschung in petto zu haben. Diese ist meist unter den Begriff

„Kavallerie-Attacke“ bekannt geworden, und jetzt ahnen wir, was gemeint ist: dem besiegten, abrückenden oder flüchtenden Gegner den Todesstoß zu versetzen. Wer kann das besser als die Reiter auf ihren flinken Pferden!

Der Herbsttag geht bedenklich zur Neige. Wir haben Seydlitz verlassen, als er sich südwestlich Tagewerben neu sammelte, formierte und zur Beobachtung postierte. Hier kann er in Ruhe auf seine zweite Sternstunde des Tages warten. Als er die Auflösung der verbündeten Armee beobachtet, das Fortwerfen der Gewehre, Stehenlassen von Kanonen und Munitionswagen, Fortstürmen der Infanterie und Kavallerie, dieses Durcheinander ohnegleichen, das gegenseitige Behindern und die vergeblichen Bemühungen der Offiziere – da weiß er, was er zu tun hat. Ohne auf Befehle von oben zu warten!

Ein großer Teil der Verluste der Verbündeten findet jetzt statt, weil die preußische Kavallerie, ohne Widerstand zu finden oder fürchten zu müssen, alles vor sich niederreitet und mit den schweren Säbeln „traktieren“ kann. Verwundete werden überritten und Gefangene in erheblichen und ungewohnt großen Mengen eingebracht. Husaren und so genannte leichte Truppen haben den Auftrag, sie einzusammeln und wie eine Ernte einzubringen. Weil auch die gesamte preußische Infanterie weiter vorrückt und alle, die sich nicht sputen, von der gefürchteten Umfassung bedroht sind, kommt nun die völlige Auflösung der Armee zustande. Die allgemeine Flucht geht über Pettstädt in Richtung der Unstrut. Nichts scheint mehr von Wert zu sein außer das Leben, Bataillons- und Regimentsgeschütze, die schwere Artillerie und der zugehörige Wagenpark, der Tross – sie alle liegen verlassen am Fluchtweg und werden dadurch eine Beute des Siegers.

Auch die komplette französische Bagage, zu einer Schlacht gar nicht notwendig, aber dem Vormarsch der

Armee bis Pettstädt gefolgt, fährt sich dort fest und wird ebenfalls zur willkommenen Beute – worunter sich, von den Czettritz-Dragonern aufgespürt, das gesamte Gepäck Soubises befindet. Bei der letzten Verfolgung, schon im Abendlicht, wird Seydlitz zum zweiten Mal verwundet, als er, vielleicht allzu tollkühn für einen Truppenführer, einen mit feindlicher Infanterie besetzten Graben nehmen will. Die preußische Artillerie schießt solange wie das Tageslicht es zulässt. Der Held dieses letzten preußischen Angriffs heißt natürlich Seydlitz! Über ihn ging später ein Bonmot in Umlauf, das gefangene französische Generale vor lauter Bewunderung Seydlitz' später zuerkannt haben sollen:
„Que ce garçon é toit né géneral!“ Was auf grobdeutsch heißt: „Was für ein Kerl von General!“

Finale – das Ende eines Schlachttages

Nicht nur der einbrechende Frühwinterabend, sondern auch St. Germain und Laudon, zwei Müßiggänger des Tages, decken den Rückzug der verbündeten Streitkräfte. Als sie den unglücklichen Verlauf der Kämpfe beobachteten, verließen sie ihre Wachtposten und marschierten über Gröst ab. Ihre Brigaden Condé und Poly erreichten noch Obschütz und die Höhe westlich Pettstädt, wo sie in einzelne Kämpfe mit den Preußen aneinandergeraten und den flüchtenden Kameraden ein wenig Luft verschaffen konnten. An einem markanten Hohlweg südwestlich Reichardtswerben wurde das Regiment Alt-Braunschweig, bei dem sich Friedrich befand, kurzfristig von feindlichen Schwadronen, vorn und im Rücken, in Anspruch genommen, aber Friedrichs origineller Befehl, „dieser Kavallerie eins unter die Nase zu geben“, wurde mit einer Salve auf 100 Schritt ausgeführt, und die Franzosen drehten ab. Nordwestlich Obschütz versuchten einige Infanterieabteilungen der Verbündeten eine geschlossene Gegenwehr, wurden aber von der preußischen Garde du Korps und den allgegenwärtigen Gensd'armes zersprengt oder gefangengenommen. Hier wurde auch Friedrichs Bruder Prinz Heinrich verwundet.

Um Zeit zu gewinnen und die Verfolger aufzuhalten, haben die Flüchtlinge Hinterhalte gelegt, wie Fähnrich Barsewisch auch diesmal zu berichten weiß:

„Bei Verlassung derer Canonen und ammunitions Wagens hatte der Feind in denen mehresten Patronen Wagen Lunten geleget, um uns annoch nach Ihrer Retrette zu schaden, sobald wir aber erstlich einige von diesen Lunten gewahr wurden, so war Ihre gantze Intrigue vergebens, aber desto heroischer gaben die krachenden Pulver-Wagen Ihren fliehenden Heeren das Geleite durch den Knall, so durch der Luft bis an Ihnen fort getrieben wurde, in der Nacht, ohne von uns, da wir Ihre Malice entdeckt hatten, einen Mann dadurch zu tödten."

Gnädig verhüllt die Nacht die Zustände bei der verstreuten verbündeten Armee, die sich in der Hauptrichtung nach Freiburg fortwälzt. Hier treffen auch die geschlagenen Feldherren ein, Prinz Hildburghausen in Begleitung des Prinzen von Hessen, mit einigen Schwadronen und den Resten der Regimenter Blau-Würzburg und Hessen-Darmstadt, Soubise ebenfalls mit seinen besten Truppen. Wenn sie auch einen gewissen ruhenden Pol im Strom des Untergangs darstellten, so können sie doch nichts steuern und aufhalten: Alles drängt zu den drei Flussübergängen bei Freiburg, Laucha und Groß Jena, ebenso zur Saale nördlich Naumburg.

Solange die Sicht es zulässt, hängen sich preußische Husaren an die Fersen der Flüchtenden, so den Eindruck erweckend, als marschiere die ganze preußische Armee ununterbrochen hinter ihnen her. Klar, dass viele Soldaten der Reichsarmee die Gelegenheit nutzen, endgültig das

Weite zu suchen. Zum vorletzten Mal soll Augenzeuge Barsewisch das Wort haben:
„So viel war der Schluss dieses Tages, und der Bataille, daß die gantze französische Armée, so aus 80 Tausend Mann bestand in die Flucht geschlagen wurde und wir mit Eintritt der Nacht zwischen 4 und 5 Uhr den fölligen Sieg erhalten. Wir rückten bis über der Wahl Statt vor und standen die Nacht ohnweit Weißenfeld im Gewehr, da nun die Kälte in der Nacht ziemlich heftig, so sammlten unsere Soldaten die französische weggeworfenen Gewehre und von denen Schaften machten wir ein Feuer, indem es bekannt, dass zwischen Merseburg und Weißenfeld kein Baum anzutreffen, und dahero kein Holz zur Feuerung zu haben.“
„...kein Baum anzutreffen...“ – da haben wir einen deutlichen Hinweis über die Struktur einer ausgeplünderten und durch den Krieg „verheerten“ Landschaft; allerdings ist sie dadurch für eine tüchtige Kavallerie ein Tummelplatz geworden – nur die Preußen scheinen das erkannt und für sich ausgenutzt zu haben.

Friedrich lässt seine Armee auf den Höhen von Obschütz und Markwerben lagern, mit den Ortschaften vor der Front. Die Kavallerie geht in die Unterkünfte von Reichardtswerben, Tagwerben und Storkau. Die beiden Grenadier-Bataillone Lubath und Jung-Billerbeck ziehen sich in die westliche Vorstadt von Weißenfels, das Bataillon Finck geht mit Friedrich für die Nacht nach Burgwerben. Noch am Abend fordert Friedrich den Magistrat von Weißenfels auf, für die Wiederherstellung der Brücke zum nächsten Tag zu sorgen. Dann fertigt er Adjutant August Ferdinand von der Schulenburg ab, mit der Siegesmeldung nach Magdeburg zum königlichen Hof aufzubrechen – ein langer, anstrengender, siegreicher königlicher Tag ist zu Ende gegangen!

Wie konnte Friedrich gewinnen?

Eigentlich hat die Schilderung des Schlachtverlaufes diese im übrigen etwas rhetorische Frage bereits beantwortet. Dennoch müssen und wollen wir die Ursachen hier durchleuchten. Versetzen wir uns einmal und nur zeitweise in die Kriegsmentalität jener Epoche, von der ja einiges schon in den verschiedenen Kapiteln aufgeblitzt sein sollte. Dass eine deutlich zahlenmäßig schwächere Armee Sieger bleibt, - bei Friedrich war das kein Zufall -, war nach etwa fünfzig Jahren, ab den napoleonischen Kriegen, kaum noch möglich.

Wir haben erfahren, was Friedrichs Armee von den anderen unterschied: die bessere Ausbildung von Soldaten, Offizieren und Generalen. Friedrich selbst, kann man sagen, hat sie ausgebildet, mit seinen Instruktionen, Befehlen, Ermahnungen, seinem Beispiel und persönlichem Einsatz. Was man woanders verächtlich oder mokant als Drill abtat, war für Preußen überlebenswichtig – der Ausgang des Siebenjährigen Krieges hat diese Ansicht überzeugend bestätigt. Vergessen wir nicht, dass Friedrich auch gegen weniger amateurhafte Feldherren wie Prinz Hildburghausen und Soubise seine Schlacht gewonnen hat.

Statt „Amateur“ wie heute sagte man früher „Dilettant“, ohne Abwertung, einfach für Leute, die momentan etwas taten, das nicht ihrem Beruf oder Stand entsprach. Während Friedrich seine Berufung als Feldherr mit bitterem Ernst und tödlicher Entschlossenheit ausübte, zwischendurch sogar noch Energie zum Fabulieren und Dichten aufbrachte, brauchten sich seine Gegenspieler, welche auch immer in den drei Schlesischen Kriegen, nicht derartig zu engagieren: Mehr als ihre Posten und die Gnade ihrer Herrschaften konnten sie nicht verlieren. Und bei Roßbach hatte Friedrich tatsächlich zwei militärische Leichtfüße vor und gegen sich, welche zudem am Althergebrachten á la

Prinz Eugen sich orientierten und damit dem König von Preußen unterlegen sein mussten.

Dass Friedrich eine militärische Ausnahmeerscheinung war, hatte er nicht erst bei Roßbach offenbart. Wer hat ihn eigentlich als Feldherr angelernt, erstens? Und zweitens, wessen Lehre entsprangen seine soldatischen und strategischen Fähigkeiten? Zwei Fragen – zwei Antworten als Versuch: Erstens: niemand! Zweitens: Einigen Vorbildern, sonst nichts; wer Friedrichs Lebenslauf kennt, weiß, dass er vor 1740 nur ganz kurz, im Gefolge des erwähnten und alternden Prinzen Eugen, ein paar Kugeln pfeifen hörte und Truppen hin und hermarschieren und etwas kämpfen sah. Hundert Jahre nach der Schlacht von Roßbach hat der Jubiläumsautor Adolf Müller in seinem Buch „Die Schlacht von Roßbach" zu diesem Thema treffende Worte zu Papier gebracht, sie seien hier noch einmal wegen ihrer Bedeutung in einem längeren Absatz ebenfalls zu Papier gebracht:

„Die Kunst des Entwickelns großer und verwickelter Heersäulen oder Heerknäuel zu geeigneter Schlachtordnung, oder, wie der militärische Fachausdruck lautet, die Kunst des Deployierens, war damals bei allen Heeren so gut wie unbekannt, und nur Friedrich verstand sie nicht nur aufs Beste, sondern hatte sie seinen Offizieren in solcher Weise eingeübt, dass sie ihnen gleichsam schon zur anderen Natur geworden war. Hierdurch vermied er die zahlreichen Unbequemlichkeiten, die bei einem großen Heer mit dem Aufmarsch oder der Formierung zum Kampf verbunden sind, und gelangte in seinen taktischen Bewegungen zu einer Schnelligkeit, welche den Feind schon oft beim Beginn des Kampfes in Bestürzung und Schrecken versetzte.

Hierdurch wurde es ihm möglich, seine kühn entworfenen Pläne dem Feind so lange zu verbergen, bis er in unmittelbarer Nähe desselben seinen Angriff ordnen und ausführen konnte. Seine Bataillone und Schwadronen waren nicht nur gewöhnt, sich unabhängig von einander in großer Ordnung, Genauigkeit und Schnelligkeit zu bewegen, sondern es fanden auch die größte Übereinstimmung der einzelnen Teile zu einander und zum Ganzen statt. Sie waren gewöhnt, genau die gegebenen Entfernungen inne zu halten, in gleicher Höhe, oder, wenn es der Zweck erforderte, in streng berechneten ungleichen Zwischenräumen zu marschieren, Zeit und Raum nach Zahl der Minuten und Schritte abzuwägen und in Übereinstimmungzu bringen, mit Ruhe und Sicherheit in jeder Richtung eine Schlachtlinie zu bilden, gleichlaufend mit der feindlichen, oder schräg gegen dieselbe angehend, im Ganzen oder teilweise, in stufen- oder leiterförmiger Aufeinanderfolge oder einzeln, um den Angriffspunkt zu bezeichnen oder um die Angreifenden zu decken."

Napoleon hat dies ähnlich gesehen:
„Er setzte sein Vertrauen hauptsächlich in die Manneszucht, Tapferkeit und Taktik seines Heeres."
Ein französischer Bericht über die Schlacht bei Roßbach redet gar nicht um den Brei herum:
„Von dem feindlichen Artilleriefeuer erschüttert, kamen wir bis auf 50 Schritte aneinander. Die preußische Infanterie war mit Schnelligkeit avanciert, ohne dass ein Mann aus den Gliedern getreten wäre. Ihr Feuer warf uns zurück. Es war nicht möglich, unsere Bataillone wieder vorzuführen! Mangel an Disziplin und an Ordnung haben uns die Schlacht verlieren lassen."
Der Wiener Bericht über die Schlacht gibt zu, dass die eigene Infanterie sich nicht schnell genug habe formieren können, und dass die Artillerie, eigentlich der preußischen überlegen, nicht konsequent genug vorgezogen worden wäre. Solche technischen Aufgaben müssen freilich geübt werden, notfalls „bis zum Umkippen", und wir können sicher sein, dass preußische Grenadiere und Kanoniere sie

häufiger und gründlicher einexerzieren mussten als alle ihre ausländischen Kollegen.

Eine Aufgabe, für Friedrich stets ein richtiges Herzensanliegen, haben die Feldherren der kombinierten Armee sträflich vernachlässigt: die Rundum-Aufklärung. Nicht nur diejenige um den Tag von Roßbach, sondern auch in den Tagen der gegenseitigen Abtastung davor. Sie waren nicht umfassend über die preußischen Bewegungen und über ihre Stärke informiert, obwohl auch sie Leichte Truppen wie Husaren und Kroaten genügend besaßen. Spione aus der Bevölkerung standen ihnen nicht soviel zur Verfügung wie den Preußen, wohl weil sich ihre Truppen, wie schon ausgeführt, ungebührlich gegenüber einer sonst durchaus neutralen Bevölkerung benahmen. Klar ersichtlich erscheint auch, dass Hildburghausen und Soubise, mit ihnen ihre Generalität, zu vorschnell aus den Bewegungen der Preußen falsche Schlüsse zogen und ihre Überheblichkeit ihnen verbot, eignene Schwächen einzugestehen.

In diesem zweiten Kriegsjahr, auch nach der Niederlage von Kolin, entsprach die preußische Armee im Großen und Ganzen den Vorstellungen Friedrichs: Sie war gehorsam, eingeübt, gut versorgt, bestens geführt, zuversichtlich, dem König und dem Staat verschworen. So etwas konnte Maria Theresia nicht auf die Beine stellen. Dieses „geschulte Werkzeug“ arbeitete wie auf Potsdamer, Magdeburger, Stettiner oder schlesischen Manöverfeldern. Die Infanterie kam nur teilweise zum Einsatz, dort aber perfekt und in jeder Weise „furchterregend“ in Friedrichs angestrebter Schlachtordnung, dem echolonweisen Vorgehen, das eine „Schiefe Schlachtordnung“ im kleinen ist. Imponierend und für den Gegner verheerend war das Zusammenwirken der verschiedenen Waffen: Artillerie, Kavallerie, Infanterie. Die kombinierte Armee jedoch litt an einem ganz außergewöhnlichen Umstand: ihre unheilvolle Mischung aus erstklassigen und untauglichen Truppen. Denn die untauglichen verursachten sofort eine allgemeine Unordnung; sie wollten eigentlich gar nicht kämpfen, besonders nicht gegen Landsleute.

Bei den damaligen Kampfmethoden war eine einmal ins Laufen gekommene Armee nicht mehr aufzuhalten. Darum versuchte Friedrich von Anfang an diese Panik zu verursachen. Richtiger Einsatz zur richtigen Zeit: Als die Infanterie der Verbündeten unter dem Gewehr- und Geschützfeuer der Preußen den höchsten Grad der Verwirrung erreichte, da brach Seydlitz mit rasch gesammelten Schwadronen zum zweiten Mal in sie hinein, und nur der einfallende Abend verhinderte die vollkommene Vernichtung. Gar nicht zum Zuge kam die hervorragende und von den Preußen gefürchtete französische Artillerie, zum einen, weil sie sich noch auf dem Marsch befand, und zwar ungeschickt eingekeilt zwischen eigenen Verbänden, zum anderen, weil die preußischen Kanoniere den Vorteil des höheren Geländes nutzten und ganz einfach ihre Geschütze schneller in Stellung bringen konnten.

Mit dem Sieg von Roßbach hatte Friedrich sich einen seiner geheimen Wünsche erfüllen können: einen Feind während des Marsches anfallen zu können. Vor zwei Jahren hatte Friedrich seine „Gedanken und allgemeine Regeln für den Krieg“ geschrieben, in denen es heißt:
„...Wenn aber das Gelände, durch das der Feind marschiert, sich nur für Infanterie eignet, wie soll meine Kavallerie dann in Tätigkeit treten?“
Er konnte nicht ahnen, heute auf einen Gegner zu treffen, der es ihm leicht machte...

Die Verluste der Schlachtteilnehmer

Nach den Recherchen des GStW, auf die man sich verlassen kann, hatten die Preußen folgende Verluste zu verzeichnen:

Tote	Verwundete	Gefangene	Gesamt
7 Offiziere	23 Offiziere		30 Offiziere
162 Gemeine	356 Gemeine		518 Gemeine
169 Mann	379 Mann		548 Mann

Bei der kaiserlichen Armee sehen die Zahlen so aus:

2 Offiziere	10 Offiziere		72 Offiziere
38 Gemeine	221 Gemeine		6.659 Gemeine
40 Mann	231 Mann		6.731 Mann

Über die Verluste der französischen Armee gibt es keine verlässlichen und vor allem keine detaillierten Angaben, das GStW spricht von 600 Offizieren, darunter allein 11 Generalen, und 6.000 Gemeinen, gesamt also 6.600 Mann.
Die Verluste in Prozenten gerechnet betragen
bei den Preußen 2,5%,
bei den kaiserlichen Truppen 32,6%,
bei den Franzosen 21,8% und
bei den Preußen im 7-jährigen Krieg gesamt 23,8%.
Aus preußischer Sicht geurteilt war „Roßbach" also ein äußerst billig erkaufter Sieg!

Weil wir es hier mit einer kurzen Schlacht zu tun haben, - nur Kesselsdorf und Liegnitz mit je zwei Stunden waren kürzer -, ist eine zeitliche Aufrechnung der Verluste interessant. Pro Minute unserer Schlacht fielen, wurden verwundet oder gerieten in Gefangenschaft

4,6 Preußen,
25,9 Kaiserliche und
48,9 Franzosen.

Es kann also gar keine Rede davon sein, dass die französische Armee sich nicht geschlagen hätte. Es gibt einzelne Aufstellungen ihrer Armee. Am 10. November 1757 nennt eine in Nordhausen erstellte Liste 290 Offiziere und 4.201 Gemeine als Gesamtverlust, eine Liste über die Kavallerie nennt 823 Tote und 272 Verwundete. In der Zeitung „Gazette de France“ wird eine Liste der verlorenen Offiziere veröffentlicht:

Bei den Generalen und vom Generalstab	14,
bei den Genietruppen und der Artillerie	10,
von der Infanterie	469 und
von der Kavallerie	134.

Friedrich schrieb später:
„Die Schlacht von Roßbach hatte Soubise 10.000 Mann gekostet, darunter 7.000 Gefangene.“
Sein Adjutant Gaudi berichtet:
„Man fand nur 6.000 bis 7.000 Tote, die Zahl der Verwundeten belief sich auf über 2.000 Mann.“
Ganz genaue Zahlen können schon deswegen nicht möglich sein, weil die Bewohner der betroffenen und umliegenden Ortschaften einige Franzosen und Kaiserliche abgemurkst haben, weil viele der Flüchtigen bis nach Hause durchgelaufen sind oder sich sonstwie verdrückt haben. Zum Beispiel wird vom Kürassier-Regiment Bayreuth gemeldet, „...daß es mit 3 Leutnants, 3 Cornets, 33 Gemeinen und 3 Standarten vom Schlachtfeld abgegangen sei.“ Wo sind denn die anderen Soldaten des Regiments geblieben?

Zu den Verlusten einer Schlacht gehören, wenigstens für den Unterlegenen, auch materielle und ideelle Dinge. Der Sieger damaliger Schlachten jubelte über die ideellen, nämlich Fahnen und Standarten, oft mehr als über die materiellen, bewiesen sie doch scheinbar die Größe des Sieges und eine besondere Tapferkeit. Friedrich gibt an, bei Roßbach 15 Standarten und 7 Fahnen erbeutet zu haben.

Zu den ideellen Beutestücken, die schon ins Praktische führen, gehören die Pauken, die beim Vorrücken der Treffen den Marschtritt anzuschlagen haben. Richtig handfeste Beutestücke, die auch stets aufgelistet werden, sind die Kanonen, von denen die Preußen 72 konfiszieren können, 12 kaiserliche und 60 französische. Sie sind durchweg wiederverwendbar und stellen eine Bereicherung der eigenen Armee dar, während ihr Verlust die geschlagene Armee soweit schwächen kann, dass sie vorerst keine ernsthaften Unternehmungen wagen kann.

Zu den in populären Abhandlungen nicht genannten Beutegütern, sie werden allerdings auch nicht sorgfältig gezählt, gehört noch einiges mehr, das bei einer Schlacht anfällt und während einer Schlacht fortgeworfen wird. Sehr gut zu gebrauchen sind unversehrte Pferde, die ohne ideologische Schwierigkeiten der eigenen Armee zugeteilt werden können – sofern sie nicht „abhanden gekommen“ sind. Abhanden kommen sie, wenn unerschrockene Landleute, denen die Soldateska vorher Ackerpferde zwangsweise rekrutiert hatte, sich an dieser Beute guthalten, sie noch in der Nacht einfangen, ein paar Tage und Nächte verbergen und nach Abzug aller Truppen und Marodeure ganz normal in ihre Ställe stellen.

„Das ist nur ein kleiner Ersatz“, sagte knurrend ein betroffener Bauer zu einem preußischen General, den er beköstigte, „für die Unbill, die Sie, Ihre Soldaten und die Ihrer Feinde uns anzutun pflegen.“

„Aber Sie dürfen doch“, war seine Antwort, „die Uniformen der gefallenen Kaiserlichen und Franzosen an sich nehmen, die auf Ihrem Acker liegen, dazu deren Material und die Münzen, welche Sie ihnen aus den Taschen nehmen.“

„Stimmt, Herr königlicher Militär“, kam die Anwort, „aber wir müssen die armen Kerle bestatten und ihnen ein christliches Gebet mit auf den Weg geben.“

„Stimmt“, beendete der General den Disput, „aber die Toten düngen Ihre Äcker auf Jahre hinaus...“

Erbeutete Marketenderinnen, (mitreisende Händlerinnen), Mätressen der Generalität und Trosspersonal pflegte Friedrich meist ungeschoren und mit besten Grüßen und Wünschen an ihre Besitzer zurückgeben, sofern sie nicht Franzosen bleiben und Preußen werden wollten. Manche holde Maid soll freilich mit einem flotten kaiserlichen Deserteur „abgehauen“ sein. Ein absoluter Glücksfall war allerdings die Eroberung eines so genannten Magazins. Das ist ein-Vorratslager der Armee, eine stationäre eiserne Ration sozusagen, in dem meist lagerfähige Lebensmittel aufbewahrt wurden, Brot zum Beispiel, was neben Fleisch das Hauptnahrungsmittel der Soldaten ist. Jede Menge Brot fällt häufig dem Sieger in die Hände, wenn er die geschlagene Armee so weit jagen kann, dass ihm auch alle hinteren aufgestapelten Vorräte in die Hände fallen.

Schließlich dürfen wie andere wichtige Beutestücke nicht vergessen: Das von den Generalen und anderen hohen und meistens einigermaßen reichen Offizieren im Stich gelassene Vermögen in Form von Bargeld und etwaige Briefwechsel, Korrespondenzen, Aufzeichnungen und Geheimpapiere, aus denen man in günstigsten Fällen die weiteren Absichten der Feinde erfahren könnte. Ganz selbstverständlich wurden auch alle Klein- und Kurzwaffen zur rechtlichen Beute gemacht, die Munition dazu und gut erhaltene lederne Uniformteile ebenfalls. Für die kämpfende Truppe jedenfalls gehörte das Beutemachen wie in Urzeiten der kriegerischen Auseinandersetzungen zu regulären Begleiterscheinungen einer Schlacht – schon morgen konnte er selbst der Geprellte sein.

Verfolgte und Gefangene

Der englische General Henry Lloyd war wie ein moderner Reporter dabei und berichtet:

„Am folgenden Morgen hatte ich die Gelegenheit, mit einigen Gefangenen vom Regiment Provence mich zu unterhalten. Als ich sie fragte, wo sie wohl meinen, dass ihre Armee gegenwärtig stehen möchte? So antwortete mir einer: ‚Wahrhaftig, mein Herr, ich glaube, dass von unseren Truppen schon viele in Frankreich angelangt sind.'

Ich musste über das Inkonsequente dieser Antwort herzlich lachen, zugleich aber den Franzosen bedauern, der in einer einzigen Nacht seine geschlagenen Waffenbrüder einen Sprung von 60 bis 70 Meilen machen ließ."

Die Auflösung der geschlagenen Reichsarmee schien vollkommen und viel weiter gediehen zu sein, als die Preußen sich am 6. November vorstellen konnten. Aber das war wohl nicht verwunderlich, wenn man dieses weiß: Seit sieben Tagen waren die Reichstruppen ohne Brot gewesen und hatten teilweise ohne Zelte und Stroh die kalten Herbstnächte überstehen müssen – da vergeht dem eifrigsten Patrioten die Lust zum Krieg! Ein Würzburger Offizier vom Kürassier-Regiment Bayreuth berichtet, dass er mit nur drei Leutnants und 33 Gemeinen das Schlachtfeld verlassen habe, aber „der Feind verfolgt uns beständig, wenn es noch 24 Stunden dauert, so fallen meine Pferde vor Hunger und Mattigkeit um."

Prinz Karl zu Stolberg schreibt:

„Ich habe nicht verhindern können, dass mehr als 500 Mann von Unserer Armee aus Müdigkeit auf dem Felde umgefallen und hinter mir gefangen worden."

Viele Reiter, hieß es, ritten vom Schlachtfeld direkt nach Hause.

Am 7. November strömten Scharen der Reichsarmee durch Erfurt, so bunt gemischt wie ihr Reich: Panduren,

Kroaten, Franzosen, Deutsche, Schweizer; Infanterie und Kavallerie in voller Unordnung durcheinander. Ein einziges bayerisches Regiment wahrte sein Ansehen und zog geordnet durch die Stadt. Bei den Franzosen sah es nicht anders aus, wie der famose Graf St. Germain berichtet: „Das Feld ist von unseren Soldaten auf vierzig Meilen in der Runde bedeckt gewesen; hätte der Feind uns verfolgt, nachdem er mich geworfen, so würde er unserer gesamte Armee vernichtet haben. Niemals hat sich unsere Armee schlechter benommen, der erste Kanonenschuss entschied unsere Niederlage und unsere Schande."

Die Verfolgung! Natürlich hat Friedrich sie stattfinden lassen, aber auch einem militärischen Laien ist klar, dass es einen großen und natürlichen Verhinderungsgrund gab: die Nacht. Roßbach war eine Nachmittagsschlacht, im November, nur wenige Wochen vor dem kürzesten Tag des Jahres. Die Kavallerie total erschöpft, die Infanterie zwar nicht vollzählig ins Gefecht gekommen, aber dennoch außerstande, sofort nach der Schlacht dem geschlagenen Feind zu folgen. Außerdem war das konsequente Verfolgen Geschlagener noch nicht ebenso konsequenter Brauch – wenn auch Friedrich nach seinen Möglichkeiten immer darauf drang. Er fürchtete inzwischen die Wiederaufstehheere seiner feindlichen Koalition außerordentlich. Denken wir auch daran, dass nächtliches Vorgehen etwaige Deserteure animierte, nun endlich klammheimlich den Dienst zu quittieren; ein Problem auch für Preußen.

Dass die kombinierte Armee vollkommen geschlagen war, beweist allein ihr Verhalten nach der Schlacht. Ausgehend von der Tatsache, dass sie der preußischen Armee an Zahl weit überlegen war, hätte sie sich, unter beherzten Anführern in der Nacht und bis zum Morgengrauen des 6. November, ein Sonntag, zum größten Teil sammeln und wieder in Schlachtordnung stellen können. Es ist kaum anzunehmen, dass Friedrich sie dann erneut angegriffen hätte. Also ist zu schließen, dass die große Masse der Soldaten die Nasen voll hatte, was verständlich ist, wenn man an die Behandlung denkt, die sie in den letzten Tagen und Wochen erdulden mussten. Gehen wir davon aus, dass die meisten der Soldaten nicht auf den Kopf gefallen waren, was ihr Überdenken der Lage in Deutschland betrifft, so muss es doch für sie unverständlich sein, dass man sie erst herkommandiert, dann unzureichend versorgt und schließlich miserabel an den Feind führt.

Die Völker der Reichsarmee waren immerhin so etwas wie Landsleute für die umliegende Landbevölkerung – aber die Franzosen? Nun traf sie die Rache des kleinen Mannes, hier die erwähnten Landleute, Bürger der Dörfer und Städte, bei denen sie unterzuschlüpfen versuchten, deren Wege und Straßen sie für Flucht und Heimmarsch nutzen mussten. Fünfzig Jahre später machte ein brutaler Sinnspruch in Deutschland die Runde, und wieder ging es gegen Franzosen:

„Schlagt sie tot, das Weltgericht fragt euch nach den Gründen nicht!“

Er wurde schon 1757 in Taten umgesetzt: Thüringer und Sachsen machten Jagd auf Franzosen, fingen sie ein, lieferten Versteckte an preußische Patrouillen aus, verrieten Verstecke und Fluchtwege, töteten; voller Zorn über erlittenes Unrecht und darüber, dass die fliehenden Regimenter und Bataillone hinter sich die Brücken abrissen oder verbrannten. Das schnitt zwar Kameraden ab, aber jedermann war darauf bedacht, soviel Meilen wie möglich zwischen sich und jene preußischen Husaren zu bringen, die, so ging das Gerücht, erst am Rhein haltmachen würden.

Das war natürlich übertrieben und überschätzte die Macht der Preußen erheblich. Doch einige Franzosen erwarteten Friedrich in den nächsten Tagen in Paris. Prinz

Hildburghausen berichtete am 15. November an den Kaiser, mehrere Tausend versprengte Franzosen hätten sich über Weimar und Erfurt nach Gotha und Eisenach gewandt, seien aber noch von den Preußen aufgegriffen worden. Um einigermaßen Ordnung in die Fluchtwelle zu bringen, wurden in Ortschaften Hinweiszettel angeschlagen, die den Flüchtigen an Sammelpunkte wiesen, zum Beispiel nach Heiligenstadt und Göttingen. Man kann sagen, dass kaum ein anderer preußischer Sieg solch eine Fluchtbewegung ausgelöst hat.

Am 6. November frühmorgens ging Friedrichs Armee über Luftschiff und Markröhlitz gegen Freiburg vor. Friedrich in der Vorhut, die aus 20 Schwadronen Dragonern und Husaren bestand. Zwei Schwadronen der Seydlitz-Husaren, verstärkt durch 100 Dragoner, gingen in die Räume von Kösen, Kamburg und Naumburg, um Jagd auf versprengte Feinde zu machen. Das Regiment Goltz ließ Friedrich auf dem Kampfplatz zurück, um die Verwundeten einzusammeln und in den umliegenden Dörfern, Höfen und Bauernhütten unterzubringen. Viele von ihnen hatten die Nacht im Freien verbracht und wären gewiss, nach heutigen Möglichkeiten, zu retten gewesen. Obwohl Friedrich tat, was er konnte, kam wirkliche und effektive Hilfe nun für die meisten Verwundeten zu spät. Über das beklagenswerte Schicksal der Verwundeten jener Zeit könnte man ein ganzes und dickes Buch schreiben...

Als Friedrich mit seinem Vortrupp Freiburg erreichte, sahen sie noch die letzten Franzosen, Kavallerie und Schweizer Bataillone, eifrig damit beschäftigt, die Unstrutbrücke abzubrennen und die Höhe nördlich Grösnitz zu ersteigen. Die Hauptmasse der Franzosen war früh aufgebrochen und hatte die Brücke zerstört, obwohl noch jede Menge eigene Leute in der Stadt waren. Soubise verkrümelte sich über

Laucha nach Wiehe zu, Hildburghausen marschierte bei Kösen längs der Saale, um seine Reichstruppen zu sammeln und bei Eckartsberga Lager beziehen zu lassen. Noch einmal hätten beide Feldherren mit den ihnen verbliebenen Truppen die Möglichkeit gehabt, sich den Preußen zu stellen, aber sie arbeiteten bereits an ihren Nachrufen für die Geschichte und an ihrem persönlichen Problem:
„Wer ist der Hauptschuldige an dieser Niederlage?“

Friedrich ließ, nachdem er die Unstrut erreicht hatte, innerhalb zwei Stunden aus vorgefundenem Bauholz eine Brücke schlagen, die dann gegen Mittag fertig war. Die Kavallerie ging durch den Fluss, er selbst folgte mit 11 Bataillonen und 33 Schwadronen über die Brücke nach in Richtung der Gegner bei Eckartsberga. Er rechnete durchaus noch mit enrsthaften Gefechten, doch sein strategischer Plan war natürlich, die Feinde so lange und so weit wie möglich flüchten zu lassen. Seine hinteren Linien sicherten Keith und Fürst Moritz in Freiburg. Als Friedrich mit der Avantgarde gegen 4 Uhr nachmittags bei Lißdorf eintraf, sah er tatsächlich einige Tausend Mann Reichstruppen auf den Höhen nordöstlich Eckartsberga aufmarschiert. Ein Spätnachmittag im November ist keinesfalls geeignet, eine Schlacht zu beginnen. Zumal die Hauptkräfte der Infanterie noch nicht herangekommen waren.

Von der Höhe her gab es Artilleriefeuer auf die preußischen Husaren, so blieb Friedrich nichts anderes übrig, als den Gegner, der sehr geschickt seinen Rückzug deckte, für heute in Ruhe zu lassen. Die Infanterie bezog in Spielberg Unterkunft, die Husaren und das Freibataillon Mayr blieben dicht am Feind, um ihn die ganze Nacht nicht wirklich zur Ruhe kommen zu lassen. Doch es klappte nicht, ihn hierdurch zu halten, denn nachdem er bis 9 Uhr unter Gewehr gestanden hatte, zog er in der Nacht klammheimlich ab, so still, dass die Preußen nichts bemerkten und außerdem unter dem alten Soldatentrick, die Lager- und Wachfeuer brennen zu lassen. Der 6. November war eigentlich noch ein Schlachttag, denn mehrere hundert Gefangene wurden von der Armee aufgegriffen, Fahnen und Standarten aufgelesen und zurückgelassene Militärwagen und weitere Kanonen erbeutet. Hinzu kamen Überläufer, die wohl hofften, in der preußischen Armee besser bedient zu werden als in ihrer bisherigen.

Die bedauernswerten Grenadiere der Reichsarmee kamen also auch in der Nacht zum 7. November nicht zur Ruhe: marschieren, nichts als marschieren! Bei Tagesanbruch melden die Husaren, der Feind habe das Lager geräumt und sei auf Erfurt abmarschiert. Genugtuung verschaffte Friedrich die Meldung, Soubise habe sich von Prinz Hildburghausen getrennt und nehme mit seiner Armee den Weg nach Weißensee. Jetzt war Friedrich klar, dass ihm seine Gegner bald entkommen sein würden, und so galt es, Schrecken zu verbreiten und Gerüchte der Art, die ganze preußische Armee rücke über Mansfeld nach Halberstadt. Weil Friedrich als armer „Preußenschlucker" immer daran interessiert war, brauchbare Beute zumachen, erhielt Keith den Auftrag, von Freiburg her Truppenabteilungen die Saale entlang gegen Querfurt zu entsenden, wegen der Flüchtlinge und der von den Franzosen hinterlassenen Vorräte. (Wir sprachen schon von der Bedeutung, Gegnern ihre Vorräte wegzunehmen!) Gleichen Auftrag bekamen zwei aus Dragonern und Husaren gebildete Einheiten unter den Generalmajoren Lentulus und von Czettritz in Richtung Buttstädt, Rastenberg und Kölleda. Wir sehen, dass Friedrich bemüht blieb, die Initiative zu behalten und die Feinde soweit wie möglich zu treiben – freilich nicht bis an den Rhein...

Es muss noch über den weiteren Rückzug der Reichsarmee berichtet werden, soweit er im Zusammenhang mit unserer Schlacht steht. Am 7. November erreichte die Armee Weimar, einige Abteilungen sogar Erfurt, von Weimar geht es über die Ilm, um westlich der Stadt Lager beziehen zu können. Am 8. bereits war die Stadt geräumt und diesseits der Gera befanden sich feindlichen Truppen mehr. Generalmajor Lentulus kehrte am 9. nach Freiburg zurück und brachte ungefähr 500 Gefangene mit, deutsche Kreistruppen hauptsächlich, von denen viele einfache Soldaten froh waren, sofort in preußische Dienste treten zu dürfen. Die noch immer verfolgenden Preußen erfuhren von der Bevölkerung freundliche Aufnahme und Unterstützung, gleichzeitig von den Übergriffen der vergangenen Wochen und wie zügellos diese Armee, von Ausnahmen abgesehen, vor den Preußen „getürmt" sei.

Die Franzosen unter Soubise erreichten am 7. und 8. November Heldrungen und Weißensee, am 9. Sondershausen und Nordhausen und wurden überall, - wie man sich wohl bildhaft vorstellen kann -, höhnisch und mit schadenfroher Mimik begrüßt. Die besonders Eiligen hatten in zwei Tagen bis Langensalza 12 Meilen geschafft, das sind rund 90 Kilometer. Die Preußen unter Czettritz machten weiterhin viele Gefangene, die nicht aufgegriffenen Soldaten waren gezwungen, wollten sie nicht verhungern, in Trupps marodierend allmählich nach Westen zu gelangen.

König Ludwig XV. hatte inzwischen Soubises Meldung „la déroute de Votre armée est totale" erhalten, und Hildburghausen bat schon am 7. November den Kaiser und die Kaiserin um Entbindung von der Armeeführung. Sein „untertänigster" Brief soll hier zitiert werden:

„E. Kais. M. (Euer Kaiserliche Majestät) bitte ich dahero demütigst, mir in Gnaden zu erlauben, daß ich mich von diesem Kommando retirieren dörfte, und wann es ein Sakrifizie braucht, so bin ich sogar bereit, meine Reichsfeldzeugmeister-Stelle von Herzen gerne abzutreten, dem E. Kais. M. hierzu auserkiesen möchten. Vielleicht wird durch einen anderen Dero Dienst besser beförderet. Ich vor (für) meine Person erkenne mich einmal viel zu schwach, um mit diesen Leuten dasjenige auszurichten, was ein Prinz Louis und Eugenius (Prinz Eugen) zu bewerkstelligen nicht imstande gewesen sind. Bei Dero k.k.Truppen will ich mit Freuden mein Leben aufopfern, aber dahier ist nichts als Ehre und Reputation einzubüßen, und kann dem Staat doch kein mindester Dank geleistet werden."

Am 16. November trafen die Reste der Reichsarmee am Main ein, um nun endlich die Winterquartiere zu beziehen: in Hof, Eisfeld, Hildburghausen, Meiningen und Schmalkalden. Soubise wollte natürlich nicht nach Frankreich weiterziehen, denn im nächsten Jahr, nach geruhsamen Monaten, sollte Friedrich auf dem westlichen Kriegsschauplatz erneut und verstärkt bekämpft werden. Seine Winterquartiere lagen in Fulda, Hanau, Vache, Aschaffenburg und Obernburg. Doch die bösen Preußen, mit neuem Schneid und mit dem neuen Führer Ferdinand von Braunschweig, störten diese Winterruhe – indem sie endlich gegen Richelieus Armee vorgingen; doch das gehört nicht mehr in unsere Abhandlung.

Erteilen wir unserem unserem originellsten Berichterstatter Fähnrich von Barsewisch zum letzten Mal das Wort:
„Auf dem Dohm Platz zu Merseburg, da war zuerst der allgemeine Sammel Platz derer überwundenen Feinde von allen Nationen, hier wurden selbige unserm Monarchen vorgestellt, und Er begnadigte die mehrsten Officier mit Ihnen zu sprechen, die Artillerie und Ehren Zeichen nebst die übrigen Gefangenen in Augenschein zu nehmen. Zugleich kann ich nicht unangemerkt lassen, dass der Prinz Soubise, Commandirende General, der Combinirten fran-

zösischen Armée, die Fatalitet hatte, bey der Flucht von Roßbach, von einem Dragoner von dem Preußischen Normann'schen Regiment eingeholet zu werden: und da der Dragoner ein Pommer von Geburt seinen vornehmen Gefangenen gerne lebendig und gesund überlieffern wollte, so bemühet er sich den Printzen dem Zügel des Pferdes abzugewinnen, und da sein Pferd von der Action müde und nicht so guth wie deß Printzen seins ausdauern kann, so hat er dem Printzen mit der flachen Klinge den Pallasches dermaßen blau geschlagen, daß der Printz nachdem der Dragoner mit seinem Pferde nicht mehr hat folgen können: Sich bey seiner Ankunft in Freyburg, seinen Rücken, so gantz blau gewesen mit glüendem Weyn hat waschen lassen, so wir in Freyburg von dem dortigen Wirth, wo die Waschung geschehen selber in Erfahrung gebracht."

Szenen rund um eine Schlacht

Augenzeugenberichte, Hörensagen, Legenden und Anekdoten nehmen in Geschichtsbüchern und historischen Abhandlungen der Tradition gemäß eine schöpferische Lebensgemeinschaft ein. So eng bisweilen, dass man sie kaum noch voneinander trennen kann. Am engsten dann, wenn es sich um eine Person handelt, die für Anekdoten und volkstümlichen Geschichtsunterricht so prädestiniert ist wie die Hauptfigur unserer Abhandlung hier: Friedrich II. König von Preußen.

Wir haben erfahren oder wussten es vorher schon, dass dieser König sich in seinen Schlachten mehr, als einem Staatsoberhaupt dienlich sein kann, in vorderer Linie aufgehalten hat. Manche Abenteuer, die hierüber auf uns gekommen sind, mögen der Feder oder dem Bleistift fantasievoller Autoren entsprungen sein, einige werden wohl im Großen und Ganzen den Tatsachen entsprechen. Denn brenzlige Situationen **können** ja nicht ausbleiben, wenn

man sich vorne und in sich hin und herbewegenden Truppen aufhält. Geradezu „köstlich“ fanden Studienräte in Geschichte in den Vorkriegs-, Kriegs- und Nachkriegszeiten bis 1960 etwa die folgende hier zum Thema passende Erzählung:
„Im Lauf der Scharmützel um Weißenfels ritt Friedrich spähend und rekognoszierend, eines seiner militärischen Steckenpferde, die Saale entlang und wurde dabei von einigen französischen Offizieren auf der Flussinsel beobachtet. Einer von ihnen eilte zu seinem Anführer, dem Herzog von Crillon, und bat um die Erlaubnis, den König abschießen zu dürfen. Und man höre die Antwort eines Edelmannes und staune über sie: ‚Die geheiligte Person eines Königs muss stets verehrt werden!’ Wie kurz wäre der Siebenjährige Krieg ausgefallen, hätten Friedrichs Feinde jede Gelegenheit genutzt, ihm persönlich an den Wickel zu gehen!“

Der Respekt der regulären französischen Soldaten vor Friedrich war riesengroß, also nicht nur im Offizierkorps. Die folgende Geschichte dokumentiert, dass er tatsächlich oft ganz vorn war. Ein französischer Grenadier wehrte sich verzweifelt gegen drei preußische Husaren, die ihn gefangennehmen wollten, als Friedrich dazukam, sich einmischte und fragte:
„Bursche, hältst du dich für unüberwindlich?“
„Unter Ihrer Anführung, jawohl, Sire.“
Sprach’s und streckte höflich die Waffen.
„Der König“, so der zeitgenössische Bericht, „bezeigte hierüber solchen Wohlgefallen, daß er ihm erlaubte, frei wieder zu seinem Regiment zurückzukehren.

Wir schwärmen heute soviel von der Ritterlichkeit früherer Kämpfe – etwas war da schon dran! So wurde der Österreicher Oberst Laudon im Lauf der Ereignisse um Roßbach von seinem Kaiser zum Generalmajor befördert, und wer, rate man, überbrachte ihm das Patent dazu? Ein preußischer Melder, ein Trompeter, und mit den Glückwünschen Friedrichs obendrein!

In diese Stimmung passt auch folgender Vorgang, der zugleich ein Schlaglicht auf die Verhältnisse im Reich wirft. Ein Seydlitz-Husar war im Begriff, einen französischen Reiter einzufangen, als er sich seinerseits von einem österreichischen Kürassier verfolgt sah: Halb nach hinten gerichtet rief er ihm zu:

„Bruder Deutscher, lass mir den Franzosen!"

Der Österreicher antwortete:

„Nimm ihn halt."

Und ließ von ihm ab. Wahr oder nicht – jedenfalls der Zeit entsprechend.

Wenig berichtet die Kriegsliteratur vom Verhalten der freilebenden Tierwelt während der Schlachten und unter ihren Randerscheinungen, aber manchmal blitzt es doch durch. Franz Kugler berichtet:

„Durch einen sonderbaren Zufall war zwischen beiden Armeen eine große Menge von Hasen eingeschlossen; diese wurden jetzt durch den Geschützdonner aufgeschreckt und machten vergebliche Versuche, nach der einen oder anderen Seite durchzubrechen. Als eine der ersten französischen Kugeln einen von den Hasen vor der Front der preußischen Armee zerschmetterte, riefen die preußischen Soldaten jubelnd aus: ‚Es wird alles gutgehen, die Franzosen schießen einander selbst tot.'"

Aber von Heiterkeit, die derartige Szenen zu vermitteln mögen, kann währens der Schlacht natürlich keine Rede sein. Prinz Hildburghausen berichtet von Weimar aus am 7. November an seinen Kaiser:

„...und habe etwas gesehen, daß ich Tage meines Lebens nicht gesehen habe, denn beide Truppen stunden eine geraume Zeit Kopf an Kopf aneinander."

Baron Bretlach berichtet:
„...daß keine der anderen weichen wollte und einander solchergestalt in die Gesichter hieben."
Major von Schwerin berichtet:
„Eine feindliche Kanonenkugel nahm dem Gensd'armes Schillaneck von meiner Compagnie das Gehirn weg, da aber die Rotten fest geschlossen waren, blieb der Leichnam wohl eine Meile weit auf dem Pferde und rückte mit ins Lager."

Wie buntgewürfelt die Reichsarmee war, zeigt sich an ihren Uniformen, die zu kuriosen Verwechslungen führte. Der Prinz von Baden-Durlach berichtete später an den Kreistag, infolge der Ähnlichkeit der Uniformen der württembergischen Truppen mit denen der preußischen hätten, in der Hitze des Handgemenges, die Szecheny-Husaren das gesamte deutsche Kreisdragoner-Regiment Württemberg für ein preußisches gehalten, die Standarten erobert und ihre Träger niedergehauen.

Dass Friedrich sich, wenn seine Zeit es zuließ, um die Verwundeten auch der Gegner kümmerte, ist hinlänglich überliefert; jeder Feldherr der Geschichte, der persönlich führte, hat so gehandelt. Als er am Abend des 5. November Quartier im Schloss Burgwerben bei Weißenfels nehmen wollte, waren sämtliche Zimmer mit verwundeten, gefangenen französischen Offizieren belegt. Man wollte eines freimachen, doch Friedrich lehnte ab und bezog eine Stube im Anbau. Dann veranlasste er die Schlossherrin, alles Leinenzeug, das vorhanden sei, zum Verbinden der Verwundeten herauszurücken. Unter den Verwundeten befand sich auch General Graf Custine, und zwar lebensgefährlich verletzt. Friedrich erkundigte sich in seinem bekannten väterlichen Ton nach dem Befinden, und Custine antwortete:

„Ach, Sire, Sie sind größer als Alexander, er quälte seine Gefangenen, Sie aber träufeln Öl in ihre Wunden."
Friedrich antwortete:
„Ich kann mich nicht daran gewöhnen, die Franzosen als meine Feinde zu betrachten."
Die unverwundet gefangenen französischen Offiziere kamen zu großen Teil nach Berlin und hatten dort, auf Ehrenwort, während des Krieges, ziemlich freien Ausgang.

Die Stimmung in Deutschland – Teil zwei

„Ich wollte dem Heiligen Römischen Reich unterthänigst ohnmaßgeblichst anraten, daß es sich ja so bald nicht wieder mit dem bösen Fritze in ein Handgemeng einlasse, da er uns so kräftiglich erwiesen hat, daß er das Kriegshandwerk gar viel besser als wir verstehe."
Diesen epochalen Satz schrieb der Sekretär des Prinzen Georg von Hessen, der selbst unter den Geschlagenen war. Im übrigen wurde in Deutschland auf Teufel komm raus gedichtet. Am kürzesten durch Friedrich Gottlieb Klopstock in cäsarischer Manier:

„Sie kamen – sahen – flohen."

Wir kommen hier selbstverständlich nicht umhin, die bekanntesten Verse zu zitieren, die in verschiedenen Fassungen kursieren. Hier das bekannteste Kurzgedicht:

„Und kommt der große Friederich und klopft nur auf die Hosen,
dann läuft die ganze Reichsarmee, Panduren und Franzosen."

Des Reiches ranghöchster Dichter, nämlich der König von Preußen selbst, hat trotz seines Feldherrnberufs schon am 6. November genügend Zeit, ein 54-versiges Gedicht namens „Abschied an die Franzosen und die Reichsarmee" in die Welt zu setzen, das mit folgender Grußzeile beginnt:

„Lebt wohl, ihr großen Helden, stolzgebläht..."

Wir müssen uns hier auf die Wiedergabe eines Vierzeilers beschränken, bei dessen Abfassung der Autor seinem Spott freien Lauf ließ:

„Ach, welch ein Schauspiel voller Lust und Pracht
vermögen Heldenleiber zu bescheren,
wenn auf der Flucht vor unserer Waffen Macht
sie ihres Rückens Anblick uns gewähren.“

Friderizianischen Zynismus scheinen auch Deutschlands Literaten und Dichter zu kultivieren, offenbar froh über die Gelegenheit, sich unzensiert und ungestraft über einen ungeliebten Unterlegenen hermachen zu dürfen. Dabei galt bisher die ungeschriebene und gepflogene europäische Ansicht, im fairen Kampf besiegte Gegner nicht zu sehr zu verspotten. Während man den deutschen Oberfehlshaber glimpflich davonkommen ließ, wurde Pegasus’ Füllhorn über den Häuptern der Franzosen ausgeschüttet, worin sich auch seine so genannte „Soubisade“ befand:

„Mit Hieb und Stich focht Friederich,
da im Gewühl rief einer dies:
Wir haben ihn! – Wen denn? – Soubise.
Potztausend! Sprach der König, groß
ist dieses Pech! Gleich lasst ihn los!
Ich kenne ihn und seinen Wert.
Wär er bei mir, das wär verkehrt;
denn ganz allein ist er mir nütze
an seines eignen Heeres Spitze.“

Aus dem zwölfstrophigen Volksepos, auf eine Melodie gedichtet, „Die Schlacht bei Roßbach“, zitieren wir nur Anfang und Ende als zwei Vierzeiler:

„Ei ei, mein Herr Soubise, was hast denn du gedacht,
dass du dich auf die Strümpfe nach Sachsen hast gemacht?
Stolzierest ja mit Prangen, wie Pharao ins Feld,
mit sechzigtausend Streitern, Geharnisch und Gezelt.

Lauft hin nach Haus und prahlet, ihr habt den Fritz bekriegt,
der eure Sechzigtausend mit Zwanzigen besiegt!
Lauft hin und lasst hinfüro die Nasen hübsch zu Haus,
sonst klopft man euch die Pelze wie hier bei Roßbach aus!"

Es ist hier nicht der Platz, mehr dieser Werke darzubringen. Aber diese wenigen Zitate bereits beweisen die große Anteilnahme an den Geschehnissen rund um diese Schlacht – das gab es bisher nicht im guten alten Deutschland!

Waren das erste Anzeichen eines Nationalbewusstseins? So ist es gedeutet worden, aber wie dem auch sei, Friedrich interessierte dies wenig. Er hatte nicht nur einen glänzenden Sieg in der Tasche, sondern nun auch große Teile des deutschen Volkes auf seiner Seite, und zwar nicht nur den evangelischen Teil. Weil die Schlacht ganz allgemein als Sieg über die Franzosen empfunden und gedeutet wurde, galt Friedrich nun als „Befreier weiter deutscher Gaue von übermütiger gallischer Fremdherrschaft", wie man sich so schön ausdrückte, und seine Name begann nun in Deutschland und in anderen Ländern volkstümlich zu werden. Hatte man ihn nach dem Zweiten Schlesischen Krieg noch als Räuber bezeichnet, so schlüpfte er jetzt in die Rolle des von allen Seiten Verfolgten. Dieser Umschwung hatte auch ganz praktische Auswirkungen: Wer Freunde hat, dem wird geholfen; was hier bedeutete, dass der Nachrichtenstrom ins königliche Hauptquartier aus allen Teilen des Reiches wieder einsetzte – scheinbar dachten nicht alle Spione nur materiell, sondern auch an eine gute Sache.

Nach der Schlacht, bevor es nach Schlesien abging, disputierte der Kapitän (=Hauptmann einer Kompanie) Friedrich Wilhelm von Rohdich, Pour le mérite-Träger seit Prag 1757 und Offizier im Ersten Bataillon Garde, mit seinen Offizierskollegen über das Thema „Deutsches Natio-

nalgefühl“, das, so die Ansicht kluger Köpfe, nun mit dem Sieg über Frankreich groß herauskommen müsste.
„Nein“, stritt er diese Ansicht ab, „dafür wird es noch eine Generation zu früh sein. Jetzt wird es populär werden, gegen Frankreich zu lästern und unseren König als Nationalhelden zu feiern. Das hat mit der hohen Politik wenig zu tun. Warten wir’s ab, wie es nach der nächsten preußischen Niederlage aussehen wird.“

Zum Abschluss dieses Kapitels wollen wir die persönliche Ansicht des englischen Historikers Thomas Babington Lord Macauly of Rothley aus dem 19. Jahrhundert bringen, die er über die Schlacht von Roßbach abgegeben hat:
„Seit der Auflösung des Reiches Karls des Großen hatte die germanische Rasse noch nie einen solchen Sieg über die Franzosen gewonnen. Die Kunde davon rief einen Sturm der Freude und des Stolzes in der großen Völkerfamilie hervor, die in den verschiedenen Mundarten der alten Sprache des Arminius redete. Friedrichs Ruhm fing an, den Mangel einer gemeinsamen Herrschaft und einer gemeinsamen Hauptstadt zu ersetzen. Er wurde der einigende Mittelpunkt für alle echten Deutschen, der Gegenstand gegenseitiger Beglückwünschungen für den Bayern und den Westfalen, den Bürger von Frankfurt so gut wie den von Nürnberg. Damals erst wurde es offenbar, dass diese Deutschen wirklich eine Nation waren.“
Anmerkung: Ein Internet-Lexikon definiert den Begriff „Wunschdenken“ folgendermaßen:
„...ist eine hoffnungsvolle Vorstellung von etwas Aktuellen oder Zukünftigen, die zumeist unkritisch ist und die realen Gegebenheiten ignoriert oder verdreht; auf unrealistische nur den eigenen Wünschen entsprechende Annahmen und Vorstellungen beruhendes Denken.“

Stellungnahmen zur Schlacht von Roßbach

In seiner „Geschichte des Siebenjährigen Krieges“, später auch „Krieg gegen die drei Unterröcke“ genannt, kommt Friedrich in seiner kurzen und knappen Art zu folgendem Schluss:

„Das Verhalten der französischen Generale ist schwerlich zu billigen. Unstreitig hatten sie die Absicht, die Preußen aus Sachsen zu vertreiben. Aber lag es nicht viel mehr im Interesse ihrer Verbündeten, den König einfach festzuhalten, um dadurch Feldmarschall Daun und dem Prinzen von Lothringen, (die beiden Kommandierenden in Schlesien), Zeit zur vollständigen Eroberung Schlesiens zu verschaffen? Hätten sie den König nur noch eine kurze Weile in Thüringen hingehalten, so wäre die Eroberung nicht nur vollständig geworden, sondern die Preußen hätten auch in der vorgerückten rauhen Jahreszeit in Schlesien unmöglich noch die Erfolge erringen können, von denen wir gleich reden werden. (Friedrich meint hier den Sieg von Leuthen). Was aber die Schlacht selbst anbelangt, in die sie sich zur Unzeit einließen, so war es gewiss nur Soubises Unentschlossenheit und seinen verkehrten Anordnungen zuzuschreiben, wenn er sich von einer Handvoll Leute besiegen ließ.“

Wir ersehen aus dieser Darstellung eine der Ursachen, warum Friedrich in diesem Krieg schließlich nicht unterging: die mangelnde Kooperation der Alliierten. Sie hätten 1757 bereits mit ihm Schluss machen können, die Österreicher, Franzosen, Russen, Schweden und das Reich. Wenn sie nach einem abgesprochenen Feldzug- und Kriegsplan entschlossen und konsequent an allen Fronten zugleich angegriffen hätten.

Als notorischer Briefschreiber setzt sich Friedrich noch am Tag der Schlacht an seinen Schreibtisch, um der geliebten Schwester Wilhelmine in Bayreuth aktuell berichten zu können:

„Endlich kann ich Dir eine gute Nachricht melden. Du wusstest zweifellos, dass die französischen und Reichstruppen Leipzig nehmen wollten...Heute setzten sie sich in Marsch, um mich anzugreifen, aber ich kam ihnen zuvor. Das war eine sanfte Schlacht... Ihre Verwirrung ist vollständig, und ich bin in vollem Marsch, um sie über die Unstrut zurückzuwerfen... Es wird heißen, dass 20.000 Preußen 50.000 Franzosen und Deusche geschlagen haben. Jetzt würde ich in Frieden ins Grab steigen, nachdem Ruhm und Ehre meiner Nation gerettet sind."

Zehn Tage später schreibt Friedrich aus Torgau einen Brief an den Marquis d'Argens:

„Dieses Jahr ist schrecklich für mich gewesen. Ich wage und unternehme alles, um den Staat zu retten; aber in Wahrheit habe ich mehr als je die Hilfe der Nebenursachen nötig, um Erfolg zu haben. Die Schlacht vom 5. November ist sehr glücklich gewesen. Diese schrecklichen Zeiten und dieser Krieg werden gewiss Epoche machen in der Geschichte. Ihre Franzosen haben Grausamkeiten begangen, die der Panduren würdig sind; es sind unwürdige Räuber. In der Tat, die Erbitterung, die sie mir zeigen, ist sehr schmachvoll; ihr Vorgehen hat nur die Wirkung, aus einem Freund, der ihnen 16 Jahre hindurch zugetan gewesen ist, sich einen unversöhnlichen Feind zu machen..."

Wie gut Friedrich dieses Mal die Bedeutung der Schlacht erkannte, geht aus diesen Zeilen hervor:

„Eigentlich gab die Schlacht von Roßbach dem König nur die Freiheit, in Schlesien neue Gefahren aufzusuchen. Die Bedeutung des Sieges lag bloß in dem Eindruck, den er auf die Franzosen und die Trümmer der Armee des Herzogs von Cumberland machte."

(Der Herzog von Cumberland, Sohn des englischen Königs, war am 26. Juli bei Hastenbeck in der Nähe von Hameln von den Franzosen besiegt worden.)
Im Hinblick auf das, was ihn in Schlesien erwartete, tröstete sich Friedrich:
„Das ist zu wenigstens wieder ein Anfang des Glücks, aber ich bedarf dessen noch viel.“
Und noch ein Zusatz an Wilhelmine:
„Was mich betrifft, so werde ich fortfahren, den umherirrenden Ritter nach einer anderen Seite zu spielen.“

In der Hauptstadt Berlin, schon immer die Heimat böser Spötter und schlagfertiger Zungen, sprach und schrieb man triumphierend von der Armee der „Reichströpfe“, einer „Reißausarmee“ und der Kriegsruhm der Franzosen war vollkommen dahin:
„Wie Spreu vor dem Wind trieb Friedrich das galante Heer des Lieblings der Pompadour, den Prinzen Soubise, mit seinen vielen Weibern, Pariser Putzhändlerinnen, Perückenmachern und Frisören auseinander. Die Straße nach Erfurt war mit weggeworfenen Kürassen, großen Reiterstiefeln, galonierten Federhüten und Echarps wie übersät. Der deutsche Name kam durch die Schlacht bei Roßbach gegen die Franzosen wieder zu Ehren.“

Ein französischer Offizier hat Aufzeichnungen zur Schlacht von Roßbach gemacht, welche das Licht der anderen Seite auf die Szene fallen lässt:
„Es wurde beschlossen, die linke Flanke von der Preußischen Armee anzugreifen. Diesem gemäß setzten sich die Unsrigen des Morgens um 9 Uhr in zwey Colonnen in Marsch. Der General St. Germain erhielt Befehl vor unserm Lager Posto zu fassen, in der Absicht den Feind von vorn anzugreifen, wenn er sähe, dass wir dasselbe in der Flanke thäten. Als der König von diesen Bewegungen,

die er so sehr gewünscht hatte, unterrichtet wurde, so ließ er sein Lager, und einen Theil seines Heeres, sich St. Germain entgegenzustellen, stehen, um uns glauben zu machen, daß er in völliger Sicherheit sey. Der linke Flügel seiner Armee stand hinter einem Hügel und war von ebnem morastigen Grunde und einem Dorf bedeckt. Ein Theil seiner Armee war hinter diesem Hügel formirt, auf welchem eine große Menge Artillerie gestellt war. Nicht weit von diesem Hügel ist ein andrer, der an denselben stößt und weit in die Ebene lauft. Hinter diesem Hügel stand des Feindes Infanterie in Colonnen, eine große Menge Artillerie, und seine ganze Cavallerie. Nachdem unsere Armee zwey Stunden marschirt war, so stand sie der feindlichen Flanke gegen über. Wir hatten eine feine Ebene vor uns, und da wir keinen Feind sahen, so bescheunigten wir unseren Marsch. Es schien als ob wir fürchteten, der Feind würde uns entwischen. Wir rekognoscirten blos seine Fronte ohne auf seinen linken Flügel Rücksicht zu nehmen, wofür wir denn auch tüchtig gezüchtigt wurden. Eine halbe Stunde nach drey Uhr traf unsre Cavallerie auf die feindliche, welche an dem Fuß des zweyten Hügels stand, und in guter Ordnung gegen die unsrige anrückte. Diese konnten von ihr leicht über den Haufen geworfen werden, weil die Kavallerie der Reichsarmee so nahe bey ihr war, daß sie weder frey feuern noch sich hinlänglich in Ordnung stellen konnte. Als der Feind zuerst erschien, so erhielt die Cavallerie des linken Flügels den Befehl vorzurücken, welches sie in vollem Gallop that. Aber sie fand, daß die vom rechten Flügel schon in Verwirrung retirirte. Dennoch fochte sie, die österreichische Cavallerie und die Regimenter Bourbon, Lameth und besonders Fitzjames mit gutem Erfolg. Das Treffen zwischen der Cavallerie war kaum angegangen, als der Feind seine Artillerie auf die Fronte und die Flanken unserer Cavallerie und Infanterie spielen ließ. Unsre Infanterie wurde sogleich formirt. Aber an einigen

Orten stand sie zu enge, und an anderen hatte sie große Lücken. Sie machte eine Bewegung links, woselbst einige Brigaden sogleich von den Preußischen zurück getrieben wurden.“

Ein anderer Bericht, „mittelst welcher der König die Alliierten bei Roßbach anfiel, sagte:

„König Friedrich ließ seinen linken Flügel, oder vielmehr seine gesamte Infanterie bis auf ein Bataillon, und den größten Theil seiner Reiterei einen Haken rückwärts bilden, aber nicht etwa, um in solcher Stellung den Angriff zu erwarten: die Truppen dieses Flügels marschirten am Fuß einer Bodenwelle, dem Feinde nicht sichtbar, rückwärts so weit als nöthig war, um auf die Spitzen der ungesehenden feindlichen Treffen zu fallen, erschienen dann plötzlich auf dem Kamm einer Bodenwelle und gingen sofort zum Angriff über.“

Der englische General Henry Lloyd schreibt in seiner „Geschichte des Siebenjährigen Krieges in Teutschland“:

„Dies war der Ausgang einer Schlacht, die so merkwürdig war, daß die Geschichte ihr keine ganz ähnliche an die Seite stellen kann. Die zweckmäßige Schnelligkeit, mit welcher die Franzosen unerwartet überrascht wurden, bewirkte ihre Flucht, vermehrte die Unordnung, und erweckte eine solche Furcht vor den Preußen, daß, als am folgenden Tag der König über die Unstrut setzte, und den Feind bis zum Eckartsberge verfolgen ließ, der französische Nachzug sein Geschütz verschiedentlich nur blind geladen abfeuerte, das Heer selbst aber sich bis in das Innere von Deutschland fast unaufhaltsam zerstreute. Ein ächter Charakterzug der französischen Nation! Ihr Muth geräth eben so geschwind in Feuer, als er wieder erlischt. Sie ist voll Hoffnung, wenn es zum Treffen geht, überläßt sich aber der Verzweiflung, sobald ein unerwarteter Zufall ihr in den Weg tritt. Der Franzose muss im Glücke seyn, wenn er geschickt seyn soll, neue Vortheile zu erringen.“

Henry Lloyd, er steht ja auf Seiten der Franzosen, nimmt diese aber auch in Schutz:
„So sehr aber auch gleichzeitige Schriftsteller die Franzosen in Absicht ihres an diesem Tage bewiesenen Benehmens herabgewürdigt haben; so allgemein der Name Roßbach eine Satyre auf diese Nation geworden ist: so würde man doch eher ungerecht handeln, wenn man dieser Mühe und Geschicklichkeit absprechen, und daraus den Verlust der Schlacht folgern würde."

Die gesamte französische Generalität hat sofort versucht, die Schuld an der Niederlage den Deutschen zuzuschieben, und wenn sie damit die Verantwortlichen und Soldaten der Reichsarmee meinte, geht das in Ordnung. Beide Feldherren scheinen nach der Schlacht ziemlich aus dem Häuschen gewesen zu sein. Prinz Soubise schreibt an seinen König:
„Ich schreibe Euer Majestät in einem Ausbruch völliger Verzweiflung. Die Zerrüttung Ihrer Armee ist eine totale, ich kann Ihnen nicht einmal sagen, wie viele Ihrer Offiziere getötet, gefangen oder vermißt sind."
Prinz Hildburghausen schreibt an seinen Kaiser:
„Eine solche Deroute und einen solchen terrorem panicum habe ich die Zeit meines Lebens nicht erlebt."

Karoline von Hessen-Darmstadt ist im November von Goslar nach Hannoversch-Münden unterwegs und gibt uns eine anschauliche und lebensnahe Schilderung der Tage nach der Schlacht:
„Ich verließ Goslar frühmorgens und traf in Seesen auf ein Schweizer Regiment von Soubises Armee. Welch ein Triumph für ein preußisches Herz! Ich ließ einen Subalternoffizier kommen und fragte ihn aus. Er erzählte mir von dem Angriff und sagte dann: ‚Dieser König ist tapferer als ich, da ich noch nie Angst hatte. Er säbelte die Franzosen nieder, dann die Reichsarmee.' Ich fuhr weiter und

langte um 8 Uhr in Northeim an. Drei alte Offiziere vom Regiment Chartres blieben bei mir, bis ich wieder im Wagen saß, und sprachen mit Bewunderung vom König. ‚Nie hat ein Feldherr mehr Schlachten gewonnen.' Ich glaubte, ihnen etwas Verbindliches sagen zu müssen und warf ein: ‚Die Schlacht bei Kolin war unglücklich.' ‚Ja, weil er in der Minderzahl war.' In Göttingen besuchten mich am anderen Morgen Graf Orlick und Herr von Falckenberger vom Regiment Royale Dauphine, alte Bekannte, von denen ich erfuhr, daß sie zu der geschlagenen Armee gehörten. Ich neckte sie deswegen; sie lobten die Operationen unserer Truppen sehr, aber alles, was ich sehe, ist derartig gedemütigt und niedergedrückt, daß ich fast Mitleid fühlte. Vor der Schlacht sollen die Franzosen sehr unpassende Reden über unseren König gehalten haben, aber sie führen jetzt eine andere Sprache. Von Göttingen bis Münden wurde ich sozusagen von Wagen mit Werkzeugen und von Arbeitern eskortiert, die die Straßen nach Hanau für Soubises Artillerie herrichten sollten. Unterwegs sprach ich mit mehreren Artillerie-Offizieren; sie waren beschämt, gedemütigt."

Leutnant Seiler schreibt am 8. November an seine Mutter: „Wir haben nächst Gott diesen Sieg keinem als dem General Seydlitz zu danken, der es Ihro Majestät den Tag vorhero widerraten, den Feind anzugreifen, weil er in solcher Situation, wie die Österreicher bei Kolin stunden. Wir zogen uns also an dem Tage, als den 4., zurück und bezogen unser Lager. Der Feind, welcher glaubte, daß wir uns aus Furcht zurückzogen, wurde dadurch keck und verließ sein vorteilhaftes Terrain und kam den 5. auf uns los, uns zu attackieren. Menschlichem Ansehen nach wäre es auch wohl möglich gewesen, mit 66.000 Mann kaum 20.000 Preußen zu schlagen und wir schwache Preußen haben die starke französische Armee, wovon soviel in den Zeitungen ist geredet worden, totaliter geschlagen. Es kommen noch täglich Deserteure an; denn die ganzen Kreis- und Reichstruppen sind auseinander und glaube schwerlich, daß solche wieder zusammen kommen werden."

Wie heute war es damals üblich, offizielle Berichte über Schlachten herauszugeben, wie heute wurde gelogen, dass die Schwarten krachten, besonders natürlich von den Verlierern; Niederlagen wurden heruntergespielt, Siege übertrieben. Die kaiserliche Kanzlei in Wien brachte es hierin zur Meisterschaft:

„So wurde beschlossen, nicht länger anzustehen, auf den Feind loszugehen, und dahero brach die combinirte Armee folgenden Tages den 5ten um 1 Uhr Nachmittags in 2 Colonnen aus ihrem Lager bey Micheln auf, um der preußischen zu Roßbach ohnversehens in den Rücken zu fallen, weil derselben vortheilhafte Lage weder vor noch seitwärts beyzukommen war. Bey der ersten Anrückung zeigte der Feind, als wollte er sich gegen Merseburg zurückziehen, stellte aber seine Reuterey hinter einer Anhöhe, welche die Kenntnis von seinen Bewegungen benahm, und brach nachhero in vollem Galopp hervor, bevor noch die combinirte Armee sich völlig in Ordnung stellen konnte. Um dahero den Feind aufzuhalten, gieng die auf dem rechten Flügel gestandene Kayserliche und Reichsreuterey der feindlichen sogleich mit solchem Muthe entgegen, daß die obgleich zahlreichere feindliche viermal zurückgetrieben, dabey eine feindliche Standarte erobert, und sonderlich von den zwey Kayserlich Königlichen Reuterey Regimentern, Bretlach und Trautmannsdorf sich distingnirt, (ausgezeichnet), diese gesammte Reuterey auch von den dazu gestoßenen zehn französischen Eskadrons sehr tapfer unterstützet worden, denn die französischen Völker nicht minder insgemein mit besonderem Muth gegen den Feind angezogen sind, auch die Reichs Infanterie mit dem Corps de Reserve herzhaft angerückt ist, und die französische Infanterie mit

dem Bajonett in den Feind einzudringen gesucht hat. Da aber der mehrere Theil des schweren Geschützes nicht so geschwind herbei geschaffet werden konnte, anmit das feindliche besonders das aus sehr zahlreichen schweren Geschütz gemachte Feuer dem dießeitigen weit überlegen gewesen; so war mit dem Vorhaben nicht aus zu langen möglich, und da zugleich die Nacht bereits herangenahet: so machte dieselbe dem Treffen ein Ende, und hat die combinirte Armee sich nach Freyburg und nachhero alldort über die Unstrut gezogen, ohne daß feindlicher Seits wäre unternommen worden, selbige weder bey ihrem Marsch nach Freyburg zu verfolgen, noch bey dem Zuge über die Unstrut zu beunruhigen. Die Action hat nur gegen anderthalb Stunden gedauert, und ist der Verlust der combinirten Armee, soviel aus den ersten Berichten zu ersehen, von keiner Erheblichkeit."
Es scheint also hiernach, als wenn gar keine Niederlage stattgefunden hätte...

Es ist selbstverständlich, dass sich große Militärs und Soldaten zur Schlacht von Roßbach geäußert haben. Carl von Clausewitz war am 20. September 1806 auf dem Schlachtfeld und schrieb anschließend an Marie von Clausewitz:
„Diese Schlacht hat das Eigentümliche, dass sie der ganzen Welt, besonders aber den Franzosen bekannt ist, ungeachtet sie, sowohl in Rücksicht der Kunst als der aufgeopferten Kräfte, sehr leicht erkauft wurde. Nie in der Welt ist eine so unbedeutende Schlacht von so wichtigen Folgen gewesen. Aller dieser Umstände wegen, muss ich gestehen, ist sie nicht sehr imponierend für mich. Doch ist es mir sehr interessant, täglich in ein Zimmer zu gehen, wo Friedrich der Große wohnte, und wo er gerade aß, als man ihm die Nachricht brachte, dass die Franzosen ihn zu umgehen suchten. Seydlitz sprang zuerst auf, um die Kavallerie vorläufig satteln zu lassen; Prinz Heinrich folgte ihm und be-

nachrichtigte die Infanterie. Endlich, gegen 2 Uhr, stieg auch der König auf das oberste Stockwerk des Hauses, um den Feind zu beobachten; er traute kaum seinen Augen, so unbegreiflich war das Unternehmen, nicht an Kühnheit, sondern an Dummheit. Der könig befahl sogleich, dass die Armee zu den Waffen greifen und den Umständen gemäß abmarschieren sollte. Alle sprengten nun mit verhängtem Zügel zu dem Schlosshof hinaus durch des Dorfes enge Gassen, der Gefahr entgegen, die auf den Bergen ihrer wartete – welch ein Augenblick! Wenn ich den König in dieser Schlacht selbst nicht in dem Maß bewundere wie der große Haufe der Militärs, so muss ich doch über seine Größe in diesem Zeitpunkt seines Lebens überhaupt erstaunen."

In seiner sachlich-knappen militärischen Art hat auch Napoleon zu der Schlacht von Roßbach Stellung gnommen:
„Das Ergebnis der Schlacht bei Roßbach ist keineswegs außerordentlich. 22.000 bis 26.000 Mann gut geführter preußischer Elitetruppen mußten 45.000 bis 50.000 Mann so erbärmlich geführter Reichs- und französischer Truppen jener Zeit schlagen. Eine erstaunliche und schimpfliche Tatsache ist es jedoch gewesen, daß sie von sechs Bataillonen und dreißig Schwadronen geschlagen worden sind. Eine Armee, die sich aus solchen Truppen zusammensetzte und von solchen an Leib und Seele schwachen und flügellahmen Offizieren befehligt wurde, konnte wahrlich keinen Flankenmarsch im Angesicht einer wohlbestellten Armee unternehmen. Das Manöver des Königs von Preußen versteht sich von selbst und verdient weniger Lob als der Feind Verachtung, jener unsinnige Marsch Soubises schrieb es dem König vor."

Protestantische Theologen, die Friedrich nicht ausstehen konnte, pflegten die größten Bejubler preußischer Siege zu sein. Nach der Schlacht begann Hofprediger Sack die Predigt im Dom zu Berlin mit einem Bandwurmsatz im Stil der Zeit:

„Andächtige! Eine solche rührende wunderbare Bewahrung, Errettung und Hülfe hat uns Gott auch zum Preise seines heiligen Namens, sehen lassen an unserm allertheuresten Könige, der billig die Augen der erstaunten Welt auf sich zieht, wegen der Menge, Macht und Überlegenheit so verschiedener wider ihn verbundener Feinde, die ihn bisher von allen Seiten gedränget, und sein und seiner Länder Untergang dürstiglich gesucht haben, wider welche aber, ausgerüstet mit unverzagtem Muth, standhaft gestritten hat, und noch fest steht bis auf den heutigen Tag. Der Allermächtigste ist bis jetzt sein Schutz und Schirm gewesen."

Historische Autoren schreiben über Roßbach

Friedrich selbst war ein historischer Schriftsteller, der ja auch die Geschichte des Hauses Brandenburg verfasst hat. Über Roßbach haben wir in schon mehrfach zitiert und wollen es hier noch einmal abschließend tun. Nämlich die letzten fünfzehn Zeilen seines Werkes „Abschied an die Franzosen und die Reichsarmee" vom 6. November 1757, zu Papier gebracht wohl in übermütiger Siegesstimmung nach Tagen voll Pessimismus und Bangen:

„Ihr Eintagshelden, wandert in die Fern',
ihr parfümierten und geleckten Herrn!
Begrabt euch denn in eures Hauses Räumen;
Dort mögt ihr von galanten Taten träumen!
Ihr stolzen Pompadourschen Koryphäen,
wohlan, lasst eure Siegesbanner wehen –
nur mög' an andern Orten es geschehen.
Doch soll ich euch, falls ihr den Hass bewahrt,
mit meinen Neidern brüderlich gepaart

auf dieser Kampfesstätte wiedersehen,
erwarte stets ich Gaben gleicher Art.

Ich seh' euch, ruhmbedeckte Feldherrn, scheiden
aus diesem Land, wo euch Gefahren drohten,
von diesen Triften, diesen fetten Weiden –
mein letztes Lebewohl sei euch entboten."

Der von uns schon zitierte von Archenholtz hat seit 1758 den Krieg aktiv mitgemacht und 1791 sein Buch über den Siebenjährigen Krieg geschrieben.

„Es war hohe Zeit", schrieb er, „dergleichen Nachrichten von Augenzeugen zu sammeln, da die Generation der Menschen, in deren Lebenstagen so außerordentliche Dinge auf deutschem Boden geschahen, anfängt auszusterben... Ich habe vom Dezember 1758 an dem Krieg bei Friedrichs eigenem Heer beigewohnt. Obgleich damals sehr jung und folglich unfähig aus Mangel an Erfahrung, selbst richtig zu urteilen, hörte ich doch wissbegierig auf die Urteile alter Krieger, deren Wert ich hernach in einem reiferen Alter näher prüfte..."

Von Archenholtz hat wie viele seinesgleichen eine Vorliebe für den „Tageshelden" General Seydlitz entwickelt:

„...Als Seydlitz sich überzeugt hat, dass er sich in der Flanke der feindlichen Kavallerie befindet, bricht er gleich einem Gewittersturme auf den ebenso siegesgewissen als ahnungslosen Feind los. Die österreichischen Kürassiere und die vordersten zwei Reichs-Regimenter kommen noch zu notdürftigem Aufmarsch; alles andere gerät in das bunteste Durcheinander, und wenige Minuten genügen, den Gegner vollständig zu werfen..."

Reichskanzler Otto von Bismarck schrieb am 2. Dezember 1875 an Thomas Carlyle, geboren 1795, gestorben 1881:

„Sie haben den Deutschen unseren großen Preußenkönig in seiner vollen Gestalt, wie eine lebendige Bildsäule hingestellt.“

Das Lob bezog sich auf Carlyles über 500 Seiten starkes Werk „Friedrich der Große“, das seitdem fast so viel gelesen wurde wie Karl Mays Abenteuer. Wir können ihn hier natürlich nur in Bezug auf Roßbach und speziell auf den General Seydlitz zitieren:

„Seydlitz, von dem südlichen Hange des Pülzenhügels unsichtbar, gewahrt ungefähr um ½ 4 Uhr, daß er den Feind überflügelt. Er macht Halt, läßt einschwenken, kommt hinter dem Hügel vor und stellt fest ‚Wir haben ihre rechte Flanke gewonnen, das ist sicher“, und ohne weitere Befehle abzuwarten, da jeder Augenblick kostbar ist, formiert er sich rasch und stürmt hinab auf diese armen Leute los. ‚Fest wie eine Mauer und mit unglaublicher Geschwindigkeit’, wie es heißt; ‚(d’une vitesse incroyable)’.“

Vorher hatte Franz Theodor Kugler, 1808 bis 1858, gelernter Historiker, zusammen mit dem noch unbekannten Künstler Adolph Menzel sein ebenfalls über 500 Seiten starkes Werk „Geschichte Friedrichs des Großen“ vorgestellt, ein Buch, das heute noch nachgedruckt wird. In solch umfangreichen Biografien wird die Schlacht von Roßbach meist ein wenig mit der linken Hand behandelt, so wollen auch wir uns auf Seydlitz beschränken:

„Immer mehr waren die feindlichen Kolonnen, die Kavallerie an ihrer Spitze, geeilt, um den Preußen ganz sicher in den Rücken zu fallen. Indes aber hatte sie Seydlitz, ungesehen, bereits überflügelt. Plötzlich hält er mit seinen rüstigen Schwadronen auf der Höhe; er gewahrt den günstigen Augenblick und beschließt den Angriff, ohne die Infanterie erst abzuwarten. Seine Reihen stehen in fester Ordnung da; er reitet weit voraus, der ganzen Linie sichtbar, schleudert zum Zeichen des Angriffs seine Tabakpfeife in die Luft, und augenblicklich stürmen die Scharen auf die feindliche Reiterei ein. Sie wird geworfen..."

„Der General Seydlitz aber hat fünf Wunden, zwei Schüsse am Fuß und der Hüffte, und drei Stiche durch den Arm. Gleichwohl ist er nicht eher vom Camp de Bataille und vom Pferd gekommen, bis wir des Sieges gewiß."

Normale Zeitgenossen schreiben über Roßbach

Diese können hier nicht alle namentlich genannt, es sollen nur ihre Aussagen zitiert werden.

„Sonst ist doch denkwürdig, daß obgedachter Prinz (Soubise) in der Schlacht sich nicht in seiner Uniform gezeigt, sondern in einem grauen Rock versteckt, daß man ihn ganz füglich für einen französischen Bedienten ansehen konnte, deren diese Armee eine ungeheure Menge bey sich hatte. Er wurde mit einem Hieb am Ohr leicht verwundet, welches er sich zu Freyburg von einem dortigen Barbier verbinden ließ, und sodann eiligst seinen flüchtigen Soldaten und Officirs nachritt."

Seine ganze Bagage, wie man damals sagte, wurde Beute des Regiments Czetteritz. Die Berlinischen Nachrichten berichteten:

„Von dem Prinzen Soubise wird wenigstens berichtet, er wolle nicht weiter in Deutschland kommandieren. Er begab sich nach Nordhausen, wo er mit dem Duc de Broglio, dem Prinzen von Hildburghausen und dem Ueberbleibsel ihrer Armeen, so nicht über 6000 Mann ausmachten, in sehr schlechten Umständen den 9. November ankam. Von hier aber ging der Prinz von Soubise nach Duderstadt, wo er den 15. November anlangte, und, den 16. vom einem starken Blut-Auswerfen angegriffen ward."

Einem anderen Bericht zufolge war der Schrecken des Krieges nicht sogleich mit dem Rückzug (Retraite) der Kriegsvölker vorüber:
„Auf den Dörfern begingen diese Flüchtlinge mit stehlen, hauen und schlagen der armen Bauern viele Excesse, wohingegen auch an manchen Orten sich die Bauern zur Wehre gesetzet, und dergleichen Gäste bewillkommnet."
Man sollte den geschlagenen einfachen Soldaten jedoch zugestehen, dass Not sie verzweifelt machte und dass sie nur gewaltsam satt werden konnten.

„Was die Retraite noch schwerer machte, war ein 12 Fuß tiefer und 500 bis 600 Schritt langer hohler Weg, welcher in Reichardtswerben hereinläuft, solchen mußten sie nothwendig passiren, und da unsere Cavallerie sie stark verfolgte, wurde er mit Pferden und Menschen angefüllt."
Dieser in allen Schlachtbeschreibungen erwähnte Hohlweg beginnt bei Reichardtswerben und war damals tausend Schritte lang. Er ist leider im Jahr 1851 eingeebnet worden. Aus der Mitte des 19. Jahrhunderts stammen viele Berichte von Funden der Ereignisse von 1757, die von Landleuten während der Feldarbeiten gemacht wurden. Natürlich waren damals, wir haben schon deswegen berichtet, die Toten durchweg nicht tief genug, wie auf Friedhöfen üblich, eingegraben und nicht alle Reliquien aufgefunden worden. Nach späteren privaten Berichten „sollen namentlich die Hohlwege auf dem Schlachtfeld so voll von Toten gelegen haben, daß man habe mit Wagen darüber fahren können".

„Daß ganz dicht am Janus-Hügel der Kampf besonders heftig gewesen sein muß, beweisen die vielen Gräber an demselben und die Waffen, die hier noch in den letzten Jahren gefunden worden sind. Im Spätherbst 1856 wurden ganz dicht am Janushügel mehrere Gräber und Pferdegerippe gefunden. Im Jahr 1849 hat Michael Oberender etwa

60 bis 70 Schritte davon in Richtung nach Bosendorf ein langes Grab beim Graben nach Feldhamstern gefunden."

„Den 9. November kam der König auf den Dom-Platz (in Merseburg) geritten und besah die Gefangenen, die Canonen auf dem Schloßplatze wie auch die Fahnen. Es wurden wieder etliche Feldstücke (Kanonen) und viele Gefangene eingebracht. Gegen Abend ging der König zu Wagen mit 8 Pferden bespannt nach Leipzig."

Hier erfahren wie auch endlich etwas über Verwundete, welche die Nacht auf den 6. November überstanden haben. Freund und Feind wurden gleichermaßen behandelt und in Quartieren der umligenden Städte, Dörfer und Gehöfte der Landwirte untergebracht. Über die Qualität der medizinischen Versorgung ist hier nichts oder wenig zu sagen, denn sie nicht besser als im Mittelalter oder in der Antike. Sauberkeit und Reinlichkeit waren noch kein Gebot der Medizin.

„Den gefangenen verwundeten Franzosen", wird berichtet, „schien es in Merseburg zu gefallen. Sie wollten daher hierbleiben und nicht nach Leipzig gehen auch auf die Gefahr hin, daß sie in ersteren eher sterben könnten, weil die rechten Heil-Anstalten darin fehlten."

Major Ewald Christian von Kleist schrieb darüber am 8. November an seinen Freund, den Dichter Gleim:

„Ich habe wenig blessirte feindliche Officiere von Merseburg nach Leipzig bringen können. Ich stellte ihnen vor, daß sie in Merseburg sterben müßten, da weder Doctor noch Feldschere dort wären; daß sie dagegen hier (in Leipzig) ein großes Feldlazareth mit geschickten Leuten versehen, befände; aber sie wollten doch nicht fort."

Wir erfahren, dass französische verwundete Offiziere sich auch selbst versorgen mussten, denn sie werden durchwegs vermögende Leute gewesen sein:

„Sollten die blessirten Französischen Officirs sich nicht selbst einquartieren, sondern von dem Rathe (der Stadt) untergebracht worden seyn; so kann denenselben auf Raths-Scheine das benöthigte Weich-Feuer-Holz, jedoch mit möglichster Menage ohne Entgeld auf Rath-Scheine gegeben werden."
Und wie ging es den von der kombinierten Armee gefangenen preußischen Soldaten?
„Wollen wir gerecht sein", so rät ein Autor, „so müssen wir auch fragen nach den Gefangenen, welche die Franzosen gemacht hatten. Sie hatten, so viel uns bekannt ist, nur einen Dragoner vom Regiment Meinicke..."

Hier ein Bericht von Balthasar Hoffmann:
„Den 6. Nov. Man sahe nichts als Wagen mit blessirten; die Preußen wurden meistens nach Halle und Leipzig, die Franzosen aber hierher gebracht. Nachmittags wurden in der Stadt-Kirche nach vollendetem Gottesdienst bis 1.000 Gefangene, meistens Franzosen, eingesperrt... Über 100, meistens französische Officirs kamen als Gefangene, zum Theil auch als blessirte, aufs Schloß. Viele andere blessirte kamen ins Königl. Schloß-Garten-Hauß, desgleichen in Risch's-Garten-Hauß und auf dasigen Salon aufs alte Rath-Hauß."
Und die Toten, die Gefallenen der kombinierten Armee?
„Die Vornehmen bekamen einen Sarg und wurden gegen Abend von acht Trägern in schwartzen Mänteln auf der ordentlichen Bahre mit Leichentuch und Crucifix unter Vorgehung des Leichenbitters, ohne Begleitung, stille auf den Altenburgischen Gottesacker begraben. Die Gemeinen wurden in einer, besonders hierzu verfertigten Trage, die wie offener Kasten aussahe, von ein paar Tagelöhnern oder Weibern auf den Sanct Sixti Gottesacker getragen und eingescharrt. Verschiedene Vornehmere bekamen Särge, und wurden auch auf den Stadt-Gotteacker gebracht. In Leipzig

starben von den Gemeinen täglich zehn Mann, ob sich gleich eine große Menge Französischer Feldscheer hier befinden."

Der schon erwähnte Kapitän Friedrich Wilhelm von Rohdich hat sich nach Roßbach und vor „Leuthen" hingesetzt und seinem Tagebuch ein Problem anvertraut, das seit seinem ersten kriegerischen Einsatz anno 1741 bei „Mollwitz" „mein Herz beschwert": das Schicksal der Kriegsverwundeten!

„Gerade eine Winterschlacht wie Roßbach hat mir das Elend dieser Armen und Unglücklichen vor Augen geführt. Während der König sich zur Ruhe begab und mit ihm alle Davongekommenen sich zum verdienten Schlaf niederlegten, erstarb allmählich das Stöhnen und Schreien der Verwundeten auf dem weiten und jetzt unübersichtlichen Schlachtfeld. Denn General Winter, der trotz des Herbstes bereits an der Macht war, erlöste sie von den Leiden. Es waren mit Sicherheit Hunderte, wenn nicht Tausende unter ihnen, deren leichte Verwundungen nicht eigentlich lebensgefährlich waren, wenn sie rechtzeitig gesäubert und verbunden worden wären.

Die medizinische Versorgung meiner Zeit ist ein Trauerspiel ohnegleichen, aller menschliche Fortschritt in Technik und Kultur scheint an der Medizin-Kunst vorbeizugehen. Das ist natürlich nicht nur ein preußisches Problem: Da wurschteln sie herum, die Feldschers, wie zu Zeiten des Dreißigjährigen Krieges, die ihre Theorie im 1724 gegründeten Collegium Medico-chirugicum gelernt, ihre Praxis in der Charité in Berlin gemacht haben, die seit 1727 Garnison-Lazarett ist. Alle Regiment-Feldschers sollten bei der Garde gedient haben.

Hat der Verwundete das Glück gehabt, in eines der Feldlazarette zu kommen, so ist er damit nicht gerettet. Denn abgesehen davon, ob seine Blessur überhaupt kuriert werden kann, greift nun der Tod in anderer Form nach ihm: Ansteckung und Krankheit. In einer vorigen Schlacht, die ich hier nicht benennen möchte, sind von über neuntausend Verwundeten in den folgenden Wochen zweitausend an Wundstarrkrampf gestorben. So gehen ganze Regimenter dahin, die man an anderen Stellen dringend gebrauchen kann..."

Der gut informierte Hauptmann, der es später unter seinem König bis zum General der Infanterie und unter Friedrich Wilhelm II. zum Kriegsminister bringen wird, (siehe im gleichen Verlag unter „Soldat und Menschenfreund", ISBN 978-3-96103-080-4), nennt bereits diese schlimmsten die Verwundeten bedrohenden Krankheiten: neben dem genannten Wundstarrkrampf Fleckfieber, Lazarettfieber und Faulfieber.

„Offenbar machtlos steht der Mensch da mit seinem Können und wartet auf bessere Zeiten. Allenthalben fehlt es neben Wissen auch am Personal. Gäbe es einen richtigen, gut funktonierenden Dienst für Verwundete, der auf beiden Seiten akzeptiert und respektiert werden müsste, könnte man noch manchen verwundeten Soldaten während der Schlacht retten."

Der menschenfreundliche Hauptmann hat zigtausend Leicht- oder wenigstens nicht Schwerstverwundete erlebt, die von nachfolgenden Truppen und vor allem von Pferden und Kanonen niedergetreten und in den Schlamm gewalzt wurden, ehe sie sich hatten erheben und wegkriechen können.

„Hat nämlich einer von ihnen Bajonett, Säbel oder Kugel abbekommen, nicht unbedingt lebensbedrohend, und muss er zu Boden gehen, dann ist er verratzt, wenn die Schlacht über ihn dahinrauscht."

Er hat auch hingehört und notiert, wo andere Kämpfer weggeschaut und nichts gehört haben:

„Eine andere tragische Erfahrung möchte ich der Menschheit nicht vorenthalten: Neben dem Gestöhne und Geschrei einen verlassenen Kampfplatzes gibt es ein Wort, das ich am meisten gehört habe, es ist international verständlich und oft Ausdruck letzter Hoffnung:
‚Mama!'
Ob Kroate oder Schwede, Russe oder Ungar, Hesse oder Tiroler, Italiener oder Franzose, Preuße aus Potsdam, Königsberg, Tilsit, Breslau oder Wesel – sie alle wussten, wen sie riefen! Das ist im Hohen Dom oder in der Garnisonkirche leichter gesungen als auf dem Feld erlebt! Während der Gefechte, ich mache da keine Ausnahme, haben wir Soldaten an so etwas wenig gedacht; jeder hofft, auch diesmal davonzukommen. Aber ich fühle mich neben Soldat auch stets als Verwalter und Organisator und möchte nicht einsehen, in welcher ‚unwirtschaftlichen' Weise mit Soldatenleben umgegangen wird."

„Für den blutenden Soldaten geschieht noch nirgends in der Welt zuviel!"
Soll Friedrich gesagt haben. Ein Dr. Fritze aus Halberstadt schrieb:
„Im Krieg waren 500 Unterwundärzte nötig, und um die Menge war man nicht verlegen, denn man konnte bei weitem nicht alles annehmen, was zum Lazarettdienst sich meldete. Rohe junge Leute, die kaum erträglich den Bart putzen und selten ein Pflaster streichen konnten..."
Am guten Willen zum Besseren fehlte es bei Friedrich nicht, aber er war König eines der ärmsten Länder Europas und ständig in Geldnöten. Er war einmal dabei, als ein Chirurg eine Amputation vornahm, die ihm, Friedrich vorschnell erschien.
„Oh ihr Schurken!"
War sein Kommentar und er befahl, nicht übereilt Krüppel zu machen, die er später zu versorgen habe.

„Es ist expresser Befehl des Königs, daß an keinem Blessierten eine Amputation ohne Erlaubnis vom König vorgenommen werden solle.“
Das war in der Praxis natürlich undurchführbar.

Schon am 9. Juli 1741 war ein Kartell zwischen Österreich und Preußen geschlossen worden, welches bestimmte, dass Ärzte und Apotheker gegenseitig freigelassen und die kriegsgefangenen Verwundeten gepflegt werden sollten, unter Anrechnung der Kosten bei der Auswechslung.
„Mediziner, Chirurgen und Feldprediger werden nicht als Kriegsgefangene betrachtet.“
Der preußische Regiments-Tambour J. F. Dreyer berichtet aus der Zeit des gegenwärtigen Krieges:
„Überhaupt hat mir das Lazarettwesen bei den Österreichern besser gefallen als bei uns, und ich spreche aus Erfahrung, denn ich habe mich auch in Lazaretten umgesehen. Ich glaube, es liegt bei uns daran, dass den Chirurgen pro Mann ein Groschen gegeben wird, bei den Österreichern geht alles auf Kaisers Rechnung.“
Friedrich hat später 36.000 Taler zur Verbesserung der Lazarette angewiesen und verlauten lassen:
„Nichts hat mich in meinem Leben mehr verdrossen, als wenn ich sah, daß man brave Männer, die Gesundheit und Leben so edel für ihr Vaterland hingaben, in ihren Krankheiten und bei ihren Wunden übel verpflegte. Man ist oft barbarisch mit ihnen umgegangen und mancher arme Soldat ist aus Mangel an guter Verpflegung gestorben.“

Dankgottesdienste gehören zur siegreichen Schlacht wie befreiende Choräle und königliche Belohnungen. Die Berlinischen Nachrichten vom 15. November:
„Vorgestern ward in allen hiesigen Kirchen wegen des am 5. des jetzigen Monaths von der Königl. Armee unter höchst eigener Anführung Sr. Majestät, des Königs bei Roßbach erfochtenen Sieges ein feierliches Dankfest ge-

halten, und sodann das Te Deum Laudamus musicalisch abgesungen, worauf man aus den, auf dem großen Parade-Platze gepflanzten Canonen eine dreymalige Salve gab..."
Wie hier in der Hauptstadt wurden auch in anderen preußischen Städten derartige Dankgottesdienste abgehalten: in Breslau, Frankfurt an der Oder, auch in Sachsen und Dresden, dessen Bevölkerung den Preußen und ihrem König sehr zugetan war – im Gegensatz zum kurfürstlichen Haus.

Das Echo der Schlacht im Ausland

Der geschwätzige Voltaire, mit dem Friedrich noch immer im Briefwechsel stand, traf wieder einmal die richtigen Worte:
„Jetzt hat er alles erreicht, was er sich immer ersehnt hat: Den Franzosen zu gefallen, sich lustig über sie zu machen und sie zu schlagen. Die Nachwelt wird immer staunen, daß ein Kurfürst von Brandenburg nach einer großen Niederlage gegen die Österreicher, in Preußen (gemeint ist Ostpreußen!) durch 100.000 siegreiche Russen verfolgt, von zwei französischen Heeren bedrängt, es fertig bekommen hat, allen zu widerstehen, seine Eroberungen zu behaupten und eine der denkwürdigsten Schlachten dieses Jahrhunderts zu gewinnen. Für die Franzosen im Ausland ist gegenwärtig keine gute Zeit. Man lacht uns ins Gesicht."
Der boshafte Meister des Wortes ist arg enttäuscht, aber es war natürlich nicht so, dass Friedrich des Effektes wegen diese „Bataille amusante" geschlagen hat. Im Nu und arg schnell schien vergessen zu sein, dass ihm noch vor wenigen Wochen „die Suppe bis über die Ohren stand". Voltaire durfte sich am meisten über seine Landsleute wundern, vor allem über jene weiblichen Geschlechts, die nun völlig schamlos für den König von Preußen schwärmten. Friedrich konnte eigentlich froh sein, dass sein Sieg nicht so vollständig war, dass er in Paris einmarschieren musste!

Karoline von Hessen-Darmstadt berichtet in zwei Briefen von der sonderlichen und für einen Preußen unverständlichen Lage in Paris:
„Die Hälfte der Pariser Damen haben ein Bild Friedrichs neben ihrem Bett stehen. Wie würde ich Frau Pompadour lieben, wenn sie sich bekehrte!“
„Mein Bruder hat mir eine Tabaksdose mitgebracht, wie sie in Paris verkauft werden. Was glauben Sie wohl, mit welchem Bild sie geschmückt ist? Nicht mit dem Ludwig XV., noch der Kaiserin, noch der schönen Marquise, noch aller guten und getreuen Alliierten – nein, mit dem Bild Friedrichs! Ich gestehe, diese Tabaksbüchse hat mir mehr Freude gemacht als die kostbarste Dose.“

Zuerst erhielt Marschall Richelieu „die Nachricht von der gänzlichen Niederlage“ in Halberstadt, wo er sein Hauptquartier aufgeschlagen hatte, schon am 6. November. Er soll „darüber alle Fassung verloren haben“.
„Es entstand darüber eine große Consternation, es wurde alles aufgepackt, und es retirirte sich sowohl der Marschall, als die gantze Frantzösische Armee aus hiesiger Stadt und dem gantzen Fürstentum, so daß die Frantzosen nur den Regenstein und die Stadt Osterwiek und Hornburg besetzt hielten.“
Ludwig XV. blieb gelassen und stellte keine Schuldsprüche aus. Seine Regierung dachte realistischer:
„Die Niederlage hat die Gemüther mit Bestürzung erfüllt. Man rechnete nämlich auf eine baldigen Frieden, weil man dessen Nothwendigkeit empfand. Der Stand der Finanzen, des Händels, kurz alles verlangte denselben...“

Doch alle diese Auswüchse waren halb privater halb dienstlicher Natur und änderten nichts an der Tatsache, dass Frankreich entschlossen blieb, diesen Krieg wie geplant weiterzuführen. Diese Tatsache sprach auch aus

einem Kommentar eines französischen Offiziers, dem man nach Roßbach das Laufen gelehrt hatte:
„Aber er muss doch klein werden, schlagen wir seine 20.000 nicht mit 100.000, so lassen wir noch einmal soviel Volk kommen.“
Das war durchaus ernst gemeint, konnte aber zu Friedrichs Glück nicht ausgeführt werden.

Die offiziellen Stellen in Frankreich waren über die Niederlage schwer enttäuscht. Fassten sich aber schnell, als ihre für die Fortsetzung des Krieges geringe Bedeutung erkannt wurde. Soubise erhielt zwar von seinem König ein Trostschreiben und fiel auch nicht in Ungnade, musste sich aber den Spott des Volkes gefallen lassen. Humorige Pariser Schreiber verspotteten ihn in den Zeitungen, Epigramme voll triefenden Hohns wurden verbreitet, auf den Straßen sang man Gassenlieder. Das Volk steigerte sich so in seine Friedrich-Begeisterung hinein, dass Außenminister Bernis konsterniert feststellen musste, „ganz Frankreich und gar die Armee seien preußisch gesinnt“. Später sprachen Historiker hierüber von erstem Gewittergrollen zur großen Revolution.

Und da war noch immer die Reichsacht, die über Friedrichs Kopf schwebte wie weiland das bekannte Schwert des Damokles.
„Der König von Preußen habe sich der vom Kaiser aufgebotenem Reichsarmee und durch die rühmliche Großmuth des allerchristlichen Königs mitwirkenden französischen Armee persönlich entgegen gestellt und zwar zu einer Zeit, wo die kaiserliche Ladung auf die Acht gegen denselben als Kurfürsten schon erkannt worden sei...“

In Wien konnte die Kaiserin zwar auf die Nachricht von Roßbach „ihre Zäher (Zähren, Tränen) nicht enthalten“, aber Thüringen war ja nicht Schlesien, die wenigen eingesetzten österreichischen Truppen hatten sich gut geschlagen, diese Niederlage traf Österreich selbst wenig und, sehr tröstlich und in Schlesien standen die Dinge fürs Kaiserhaus ausgezeichnet. Über die Schlacht schrieb Maria Theresia am 17. November an Ludwig XV.:

„Mein Herr Bruder und Vetter, ich habe mit dem größten Mitgefühl erfahren, was am 5. dieses Monats mit der Armeé unter der Führung des Prinzen Soubise, kombiniert mit der Reichsarmee, geschehen ist. Mich tröstet, daß ich sicher bin, daß Sie Mittel und Wege gegen Ihre Bedrängnis finden werden. Und was mich beruhigt ist Gottes Gnade. Wir werden den Kopf nicht hängen lassen..."

Natürlich sagte Frankreichs König die Fortführung des gemeinsamen Kampfes gegen Preußen zu. Tiefer getroffen wurde Maria Theresia durch den Tod der Kurfüstin von Sachsen, die eine fanatische Gegnerin Friedrichs war; sie soll bei der Roßbacher Nachricht vom Schlag gerührt worden sein. Von Archenholtz berichtet hierüber:

„Die Nachricht von der Schlacht bei Roßbach trug nicht wenig bei, den Gram der Königin von Polen (der Kurfürstin), in deren Seele die stärksten Leidenschaften wüteten, aufs höchste zu bringen. Er brach ihr kummervolles Herz, und wenige Tage nachher fand man sie tot im Bett. Friedrich verlor an ihr eine unversöhnliche Feindin, die, durch falsche Religionsbegriffe verleitet, nicht wenig an den großen Krieg schuld war, der ihre Untertanen so unglücklich machte, und die alles gern ihrem Fanatismus aufgeopfert hätte."

In einem Land Europas, dessen Bevölkerung auf seine Neutralität stolz war, gewann Friedrich unverhofft neue Freunde: die Schweiz. Der nächste preußische Sieg wird dies noch deutlicher bestätigen, aber schon nach Roßbach begann auch hier zu dichten:

„Was fliehn für Scharen dort am Rhein?

Kämpft Deutsche! Gott, der euch begleitet,
Gott ist es selbst, der für euch streitet,
und Friedrich muss sein Werkzeug sein."

Im feindlichen Schweden, das an der Ostseeküste mehr oder wenig wirksam gegen Preußen manövrierte, zeigte die Bevölkerung keine Begeisterung für diesen unnötigen Krieg um die Vormacht in der Ostsee und gegen die Heimat ihrer Königin, Friedrichs Schwester Ulrike. In Russland, wo noch immer Zarin Elisabeth an der Macht und unzufrieden über ihre Generale gegen Preußen ist, freut sich ein junger Mann, der in wenigen Jahren als Peter III. russischer Zar wird, über Friedrichs Sieg, denn er mag ihn, diesen Preußenkönig und möchte wie er sein.

Auch im befreundeten England ließ Friedrichs Sieg Öffentlichkeit und Politiker aufhorchen, doch war dies politisch motiviert; worüber wir in einem anderen Kapitel berichten werden.

Die militärischen und politischen Folgen der Schlacht von Roßbach

Die Folgen der Schlacht von Roßbach kann man, wenn man sich kurz fassen müsste, in wenigen Ausführungen darlegen. Erstens die militärischen: Eine wirklich ernsthafte Bedrohunng von Westen her durch Frankreich war kaum noch möglich. Zweitens die politischen: Freunde und Feinde Friedrichs erkannten, dass Preußen noch nicht am Boden lag, wie es Mitte des Jahres 1757 noch den Anschein hatte.

Aber wir müssen hier natürlich mehr ins Detail gehen. Lassen wir es doch den Hauptdarsteller für uns tun:

„Das Verhalten der französischen Generale ist schwerlich zu billigen. Unstreitig haben sie die Absicht gehabt, alle Preußen aus Sachsen zu vertreiben. Aber lag es nicht viel-

mehr im Interesse ihrer Verbündeten, den König einfach festzuhalten, um dadurch den östererichischen Befehlshabern Feldmarschall Daun und den Prinzen Karl von Lothringen Zeit zur endgültigen Eroberung Schlesiens zu verschaffen. Hätten sie den König nur noch kurze Zeit in Thüringen festgehalten, so wäre diese Eroberung nicht nur vollendet worden, sondern die Preußen hätten wegen der vorgerückten rauhen Jahreszeit in Schlesien unmöglich noch Erfolge erringen können."
Wenn Friedrich im ersten Überschwang die militärische Bedeutung des Sieges von Roßbach überschätzte, dann deswegen, weil er sich innigst nach Frieden sehnte, wenigstens mit Frankreich.

Wie wir erfahren haben, ist die Reichsarmee, sowohl die kaiserliche wie die französische, ungewöhnlich weit geflüchtet, um den über Gebühr gefürchteten Preußen zu entkommen. Worauf die Sieger damaliger Schlachten besonderen Wert legten, war eine möglichst gründliche und weite Zerstreuung der geschlagenen Truppen, damit diese sich, wenn das überhaupt klappte, nicht so schnell wieder sammeln konnten und ihren Führern zu weiteren baldigen Operationen zur Verfügung standen. Das hat Friedrich im Großen und Ganzen erreicht. Denn das so genannte Reichsheer blieb für ihn fortan ohne Bedeutung und war keine Drohung mehr. Ein weiterer militärischer Aspekt der Schlacht liegt darin, dass Friedrich nun seinen Herzog Ferdinand von Braunschweig endgültig als tüchtigen Heerführer kennengelernt hatte und ihn als Befehlshaber der Streitkräfte des Westens abgeben konnte – das war eine gute Wahl!

Den Franzosen, die Friedrich selbstverständlich mehr fürchtete als die Reichskontingente, war der Aufenthalt in Mitteldeutschland also endgültig vergrault worden, sie mussten sich zum Winter weit weg von den preußischen

Landen zurückziehen. Um den Wert des Roßbacher Sieges zu würdigen, muss man bedenken, dass Friedrichs „Sommerfahrplan“ nach der Niederlage von Kolin voll aufgegangen ist, nämlich den Rücken freizubekommen, um sich der Bedrohungen durch Österreicher und Russen besser erwehren zu können. Natürlich hatte er mit der Reichsarmee früher fertigwerden wollen, daher seine Ungeduld bei ihren dauernden Ausweichmanövern, und er begriff sehr wohl, dass er durch Verschleppung der Entscheidung erschöpft werden sollte. Immer war er, nach seinem Motto, „Wer alles konservieren will, konserviert nichts!“, gegen die Teilung seiner Armee in kleinere Kontingente gewesen. Aber seine zahlreichen Feinde wollten ihn dazu zwingen. Hier haben wir die Ursachen dafür, dass er ab 1757 bei den kommenden Schlachten meist in der Unterzahl war – bei Roßbach klappte es dennoch, und bei weiteren...

Ärgerlich schrieb Friedrich dem Fürsten Moritz im Hinblick auf die erwähnten Verzögerungstaktiken der Reichsarmee:
„Hier kann ich die Leute zu nichts krigen, wen Hilpershausen (so schrieb er Hildburghausen) allein wehre, So ginge es guth; aber die Franzosen Cantoniren hinter gotha und die kann er nicht mitkrigen, also kan ich hier nichts als kleine bagatellen ausrichten.“
Der Sieg von Roßbach polierte Friedrichs leicht ramponierten Ruf als Feldherr wieder auf, ein militärischer Pluspunkt ohne Frage, der wohl für spätere Schlachten wirksam geworden ist. Kommen wir noch einmal auf die militärischen Pläne der drei Alliierten Österreich, Franzosen und das Deutsche Reich zurück: 1.) Befreiung Sachsens vom preußischen „Wirtschaftsjoch“, 2.) Rückeroberung Schlesiens und 3.) der Marsch in die Kernlande Preußens. In perfekter Zusammenarbeit hätten die Verbündeten 1757 diese drei Pläne verwirklichen können. Der Reichsarmee-Sieg bei

Roßbach wäre ein hoffnungsvoller Anfang zur Niederwerfung Preußens sein können – Friedrich hat ihn vereitelt!

Zu unseren militärischen Betrachtungen gehört auch die Vorstellung, was mit Friedrichs Armee im Fall einer Niederlage bei Roßbach geschehen wäre, die zweite Niederlage dann immerhin in Folge. Auch Söldner sind keine Roboter, sie mögen nicht immer die Sache des Auftragebers zu der ihren machen, aber sie gehören gewiss lieber zu den Siegern als zu den vom Platz gescheuchten Verlierern; allein schon der Beute wegen. Aber vielleicht auch wegen des Ansehens, das vom Sieger auf sie widerstrahlen würde. Jedenfalls kann man als sicher ansehen, dass die Desertionen in der preußischen Armee ein lebensgefährliches Ausmaß angenommen hätten, womit eine militärische Erholung Preußens unmöglich geworden wäre.

Die große Politik war nicht Friedrichs Stärke, zu oft irrte er, zu unbedeutend war Preußen noch im Konzert der europäischen Mächte, zu arm auch. Und Friedrichs loses Mundwerk verriet den versierten europäischen Politikern und Diplomaten in Wien, Paris und London, dass von Raffinesse und diplomatischer Durchtriebenheit bei ihm nicht die Rede sein konnte. Er hoffte, seine Siege würden die Gegner in Angst und Schrecken versetzen und nachgiebig machen.

Wenn das auch nicht geschah, so gewann Friedrich doch einen Bundesgenossen, der bisher zaudernd und notorisch misstrauisch überlegt hatte, ob Preußen es wert sei, mit harter Währung, hier nämlich britischen Pfunden unterstützt werden sollte. Wir haben es anfangs schon erwähnt: Das England König Georgs war nicht daran interessiert, Preußen und seinen König zu retten. Sondern das Frankreich Ludwigs überall nachhaltig zu schädigen, wo es möglich und wirksam war.

Während der Schlacht von Roßbach stand zwischen England und Frankreich der Vertrag von Kloster Zeven, den wir hier nicht näher zu behandeln brauchen, sozusagen auf der Kippe. England schwankte also, wie immer, wenn es seine Pfeffersäcke gefährdet sah, und eine preußische Niederlage bei Roßbach hätte die Mächtekonstellation des Krieges so beeinflusst, dass Friedrich wahrscheinlich auf der Strecke geblieben wäre. Aber jetzt erklärte England sich bereit, den Krieg gegen Frankreich im Westen Preußens fortzuführen, benötigte Truppen zu stellen, Hilfsgelder zu zahlen und war auch bereit, - wir erwähnten das schon -, den unfähigen Herzog von Cumberland durch Ferdinand von Braunschweig ersetzen zu lassen. (Den „Krieg im Westen“ bis zum Friedensschluss 1763 müsste man in einem separaten Buch darstellen!)

Friedrich bemühte sich, England bei Laune zu halten und schickte sogleich die Siegesnachricht erst an den Vertreter Englands in Hamburg eine diesbezügliche Nachricht, die bereits am 8. dort ankam, und dann eine „umständliche Relation von dem Siege vom 5.“ an den König direkt durch den Königlich Preußischen Major de Grand. Der wortkarge Georg äußerte sich dann in seiner Rede zur Eröffnung des Parlaments am 2. Dezember sehr zufrieden: „Der letztens in Deutschland erfochtene, höchst merkwürdige Sieg hat den Sachen einen vorteilhaften Fortgang verschafft, und unser Bestes erfordert es, Uns solches zu Nutze zu machen. Die Augen von ganz Europa sind in diesen kritischen Umständen auf Uns gerichtet, und Ich will Euch insonderheit Meinen guten Bruder und Bundesgenossen, den König von Preußen, empfehlen, damit Er auf eine solche Art unterstützt werde, wie es mit seiner Großmut, und mit der Tätigkeit Seines Eifers vor der gemeinen Sache, übereinkommt.“

Am nächsten Tag kamen die Lords zum Palast St. James, um ihrem König ihre „Adresse“ zu überreichen,

welche dann am 4. Dezember im Unterhaus verlesen wurde:
„Hiernächst wünscht man dem König zu dem wichtigen Sieg, der in Deutschland ist erfochten worden, Glück, und das Parlament verspricht dem König, Ihm sowohl als auch seinem guten Bundesgenossen, dem König von Preußen, auf eine solche Art, die der Großmut und den unerhörten Bemühungen dieses letzten Prinzen, welche Er zur Verteidigung der Freiheit von Europa anwendet, und wovon man kein Exempel weiß, einigermaßen würdig sei, Hilfe zu leisten."
Diese Hilfe bestand, wir haben schon darauf verwiesen, dann tatsächlich aus Hilfstruppen und Hilfsgeldern, ohne die Preußen wohl nicht überstanden hätte. (Nur nebenbei bemerken wir, dass diejenigen englischen Regimenter, welche bei der siegreichen Schlacht von Minden dabei waren, noch heute darüber ihre Jubiläen feiern.)

Aus Prinz Hildburghausens Bericht an den Kaiser vom 7. November erkennen wir, dass man doch auch auf dieser Seite gewisse sehr schwerwiegende Folgerungen der Niederlage von Roßbach erwartete. Der Brief lautet:
„Der König in Preußen hat sich vor gewiß verlauten lassen, daß er sein Winterquartier in fränkischen und angrenzenden Kreisen nehmen wolle. Wann er wirklich dieses im Sinn hat, allergnädigster Herr, wird er es auch leichthin exequieren, es sei denn, daß ihm anderwärts eine Diversion in seinem Land gemachet werde; daß ihn aber die Reichstruppen davon abhalten sollten, da bitte E.K.M. ich um Gottes Willen sich nicht damit zu schmeicheln."
Nun, diese so genannte Diversion wurde prompt gemacht und brachte Friedrich sogleich nach Schlesien...

Verwehte Spuren – Spuren der Geschichte

Ortsnamen machen Geschichte: Roßbach, noch im Mittelalter ein großes Pfarrdorf mit den beiden Kirchen St. Jakobi und St. Henricum, war etwa 200 Jahre lang bekannter als manch größere Stadt in der Mitte Deutschlands. Dann brach die Zeit an, in der die meisten friderizianischen Schlachtorte ins Ausland rückten und alles, was mit Preußen zusammenhing, ungern betrachtet, gehört, studiert, gelesen und besprochen wurde.

Bald tauchte die Frage auf: „Wieso denn Roßbach?" Die Schlacht fand zum großen Teil eindeutig auf dem Gelände Reichardtswerben statt. In den Berlinischen Nachrichten Nr. 141 hieß es:

„Nunmehro ist, Gott Lob! das Land hier wieder sicher, nachdem der HErr durch den 5. dieses Monats der kleinen Preußischen Armee über die mehr als dreimal überlegene Französische, Oesterreichische und Reichs-Truppen bei Reichardswerben verliehenen glorreichen und wundervollen Sieg..."

Den Grund, weshalb Friedrich seinen Sieg nach Roßbach nannte, gibt Pastor Wahrmuth von Leyhe im Kirchenbuch an:

„Der König von Preußen hatte sein Hauptquartier auf dem Edelhoffe zu Roßbach. Darum heißt es die Schlacht von Roßbach."

Trotzdem schrieben viele Zeitungen in den ersten Tagen nach Roßbach von einer „Schlacht zwischen Mücheln und Freyburg", „Die Schlacht von und nicht bei Roßbach".

Auf einen Stätten der Siege Friedrichs sind bis heute alte und letzte Erinnerungshilfen lebendig und erhalten geblieben. Schon früh und ohne den Anlass eines Jahrestages wurde das erste Denkmal auf der Gemarkung Reichardtswerben errichtet: 1766, der Krieg war gerade drei

Jahre zu Ende, entstand auf dem Janushügel eine Gedächtnissäule aus Sandstein, welche auf allen vier Seiten Inschriften trug, die über die Schlacht in verschiedenen Angaben Auskunft gaben, zum Beispiel hier in Auszügen:
„Deutliche Nachrichten von denen Lagern der Kayserlichen, Reichs- Französischen alliirten und Preußischen Armeen...",
„Königlich Preußisches Lager, als dessen rechter Flügel...",
„Und endlich hatte der Krieg sein Ende..." und
„...deren Aufmarsch auf das Luftschiff, Loh-Hügel und bis an den...".

Wie üblich trug die Säule auf der Spitze einen Flammenhelm. Noch nicht dreißig Jahre später scheint das Denkmal bereits unter der Witterung schwer gelitten zu haben, so dass Prinz Louis Ferdinand, Neffe Friedrichs, gefallen im Oktober 1806 bei Saalfeld, der auf dem Weg nach Frankreich das Roßbacher Schlachtfeld besuchte, den Wunsch äußerte, es durch ein neues ersetzen zu lassen. Das geschah, und am 28. Mai 1796 fand die Einweihung eines ähnlichen, offenbar aber pompöseren Denkmals statt. Einige Offiziere vom Husaren-Regiment von Göcking hatten die Säule gestiftet. Die alte wurde nicht verschrottet, sondern näher an Reichardtswerben herangesetzt.

Vielleicht könnten wir heute zitieren „noch eine alte Säule zeugt von verschwundener Pracht", wenn der große Zerstörer Europas, Napoleon Bonaparte, hier nicht vorbeigekommen wäre. Zwar galt für ihn sein Standpunkt, „dass alles Irdische schnell dahinschwinde außer den Spuren, die wir in der Geschichte hinterlassen", aber er dachte wohl vorrangig nur an seine eigenen, ruhmvollen Spuren, nicht an jene, die Frankreichs Größe schmälerten. Jedenfalls stand er am 18. Oktober 1806 auf dem Roßbacher Schlachtfeld und brütete eine ungewöhnliche Idee aus, der die Tat sofort folgte: Stein auf Stein, auch das kleinste

Stück blieb nicht übrig, wurde die Säule abgebrochen und auf vier Bauernwagen nach Paris gekarrt. Zu welchem Zweck, ist bis heute unbekannt. Als sich 1814 das militärische Blatt gewendet hatte, suchten die Alliierten, diesmal Preußen, Russen und Österreicher, nach den Säulenteilen. Vergeblich – sie sollen auf den Grund der Seine liegen. Und das erste Denkmal? Um nicht noch einmal zu Abbruchdiensten herangezogen zu werden, verbuddelten die wackeren Bauern der Umgebung die Säule im Boden, wo sie bis auf den Flammenhelm verwitterte. Dieser ist 1817 für die Errichtung des Reformationsdenkmals auf der Seydlitzstraße zu Reichardtswerben verwendet worden.

Doch nicht lange sollte der Janushügel ungeschmückt bleiben. Denn schließlich lebte man in einer vaterländischen Zeit! Am 23. Oktober 1813, nach der Völkerschlacht bei Leipzig, kamen die Männer des 3. brandenburgischen Korps über das Schlachtfeld von Roßbach und fassten den Entschluss, ein neues Denkmal aufstellen zu lassen. Es wurde am 18. November 1814 eingeweiht und diesmal aus dauerhafterem Material gefertigt: aus Gusseisen. Es war eine dreiseitige Säule , die auf einem Fundament aus Sandstein stand und war drei Meter hoch. Der Text der Inschrift bezog sich, der Zeit gemäß, auf die großen Ereignisse gewonnener und verlorener Schlachten. Das Eiserne Kreuz, 1757 noch nicht geschaffen, schmückte die dem Schlachtfeld zugekehrte Seite und trug die Inschrift „Mit Gott für König und Vaterland“.

Endlich nahte 1857 der hundertjährige Gedenktag. Die Zeiten waren friedlicher geworden, ein König war am preußischen Ruder, der ein Baulöwe sondergleichen und der ruhmreichen preußischen Geschichte aufgeschlossen war: Friedrich Wilhelm IV. Er wünschte ein der Bedeutung des Sieges angemessenes Denkmal, und so fand am 5. November 1857 die Grundsteinlegung statt. Die Zeiten waren nicht nur friedlicher, auch pomphafter als früher, eine schlichte Säule genügze nicht mehr. Außerdem gedachte auch der Denklmalstifter sich ein Denkmal zu setzen. Auf einem zwei Meter hohen Unterbau erhob sich eine metallene Reliefplatte mit der allergorischen Darstellung des Sieges: Eine Siegesgöttin hoch zu Ross, gegen Osten sprengend, in den Händen die preußische Fahne und den Lorbeerkranz. Unter ihr der Verlierer, ein französischer Krieger neben einem Kanonenrohr, das mit den drei Lilien der Bourbonen geschmückt war. Ein Meilenstein mit der Inschrift „Roßbach, den 5. November 1757“, daneben ein Lorbeerbaum. Oberhalb der Platte eine Widmungsinschrift: „Zum Gedächtnis des Sieges, den Friedrich der Große am 5. November 1757 hier über den dreifach stärkeren Feind erfocht. Errichtet von Friedrich Wilhelm IV. im Jahrer 1860.“ Ein preußischer Adler krönte das imposante Denkmal.

Sie sind alle Geschichte geworden, diese Denkmäler! Diesmal jedoch gewichen dem nagenden Zahn der Zeit, auch Technik genannt. Schon 1820 gab es im Raum Roßbach den Abbau von Braunkohle, der sich im Lauf von hundert Jahren immer tiefer in die Landschaft fraß. Ihm sind die Denkmäler zum Opfer gefallen.

Mit der Schlacht von Roßbach war bis zu jenen Tagen, in denen Helden der Schlachten und Kriege nicht mehr gefragt waren, doch ein Name untrennbar verbunden: Friedrich Wilhelm von Seydlitz! Den wir ja schon ausgiebig kennengelernt haben. Sein weiterer Werdegang nach Roßbach soll hier kurz ausgebreitet werden. Für seinen Einsatz bei Roßbach erhielt Seydlitz vom König den Schwarzen Adlerorden und wurde zum Generalleutnant befördert, außerdem Chef des Kürassier-Regiments Ro-

chow. Friedrich äußerte sich überall lobend über ihn und Behrenhorst schrieb:
„Bei Roßbach rauschte seine Kavallerie wie eine Flut in langen Strömen daher und spülte Soubise und Hildburghausen vom Erdboden weg."
Ganz offensichtlich war Seydlitz nicht nur ein konsequenter Soldat, sondern auch, entsprechend damaliger Einstellung und Verpflichtung ein treusorgender Truppenführer und guter Stratege – genau dem Ideal gleichend, das Friedrich bei seinen Unterführern wünschte. In vier späteren Schlachten, nämlich Zorndorf, Hochkirch, Kunersdorf und Freiberg, zeichnete er sich aus, bei Freiberg sogar als Infanterieführer. Und bei Kunersdorf wurde er so schwer verwundet, dass er fast zwei Jahre in Berlin pausieren musste. Das gab ihm Gelegenheit, bei der Verteidigung der Stadt im Oktober 1760 mitzuwirken.

Wie schnell man des Königs Wohlwollen, trotz aller Verdienste, loswerden konnte, musste auch Seydlitz erfahren: durch seine Heirat, welche Friedrich missfiel, die nach vier Jahren auch wieder geschieden wurde. Da war der große Krieg beendet und Seydlitz, inzwischen wieder in Gnade, wurde Inspekteur der schlesischen Kavallerie-Regimenter. Er führte sie so gut, dass sein Regiment in Ohlau als Muster galt und zu ihm Offiziere zur Ausbildung geschickt wurden. Am 29. Juli 1767 wurde Seydlitz zum General der Kavallerie befördert, höher hinauf hätte er nur im Lauf eines weiteren Krieges steigen können.

Am 25. August 1769 durfte Seydlitz seinen König zum historischen Treffen mit Kaiser Joseph II. in Neiße begleiten. Friedrich Wilhelm von Seydlitz wurde am 8. November 1773 in Ohlau „zur großen Armee abberufen." Sein König kommentierte:
„Er lebte unübertroffen, er stirbt, ohne ersetzt werden zu können."

Im Park seines Gutes Minkowsky bei Namslau wurde Seydlitz beigesetzt, unter einem Grabstein, mit schlummernden Löwen und folgender lateinischer Inschrift:
„Herois Friderici Wilhelm liberi baronis de Seydlitz natus anno 1721, denatus anno 1773, Cineres".
1784, zwei Jahre vor seinem eigenen Tod, ehrte Friedrich seinen besten Reiterführer mit einem Denkmal auf dem Wilhelmsplatz in Berlin. Prinz Heinrich, Friedrichs Bruder, errichtete in Rheinsberg einen Obelisken, auf dessen Fronten er Helden des Siebenjährigen Krieges in französischen Texten verewigen ließ – natürlich auch Seydlitz!

Zeiten und Helden vergehen, sie und ihre Schlachten hinterlassen ihre Spuren in der Geschichte, ihr Ansehen und das Interesse an ihnen wechselt im Lauf der Jarhunderte. Straßennamen aber helfen, Namen und ihre Träger nicht ganz der Vergessenheit zu überantworten. In folgenden Großstädten fanden wir Straßen oder Wege, die an unsere Schlacht erinnern: Berlin, Bremen, Bremerhaven, Dortmund, Düsseldorf, Frankfurt am Main, Hagen, Hamburg, Köln, Leipzig, München, Oberhausen und Stuttgart. In den folgenden Städten Straßen mit dem Namen Seydlitz: Augsburg, Berlin, Bochum, Bremen, Dortmund, Düsseldorf, Duisburg, Hamburg, Hannover, Karlsruhe, Köln, Ludwigshafen, Lübeck, Ulm und Wuppertal.

Epilog und „Auf nach Schlesien!"

Europa sehnte sich nach Frieden, im Gefolge der Schlacht von Roßbach um so mehr. Aber wir wissen ja, dass der Siebenjährige Krieg in Europa nur europäische Dimensionen, in Übersee eben überseeische hatte. Was man sich wünscht, das sucht man. Friedrich schrieb nach der Schlacht an Schwester Wilhelmine:
„Seit der Schlacht bei Weißenfels (Roßbach) hat sich die Lage sehr geändert. Um sie wiederherzustellen, muss ich

die Österreicher aus Schlesien vertreiben. Das wird alles entscheiden, und dann muß, wenn möglich, verhandelt werden, um in diesem Winter Frieden zu schließen. Frankreich hat sicher Absichten auf Flandern, die Königin von Ungarn (Maria Theresia) auf Schlesien, Sachsen dient ihnen nur als Vorwand. Wenn ich Mittel finde, meinen Feldzug gut zu beenden, so kann das zum Frieden führen, da diese Mächte keine Mittel haben, den Krieg fortzusetzen. In sechs Wochen werden die Verhandlungen ernsthaft beginnen, aber ich muß Dir sagen, nach meinen letzten Vereinbarungen mit England ist es mir unmöglich, einen Sonderfrieden zu schließen."
Wieder einmal, wie so oft schon, wird Friedrich sich irren.

Am 8. November begab er sich nach Merseburg, nachdem er angeordnet hatte, dass Ferdinand von Braunschweig am 16. nach Magdeburg gehen solle. Die Truppen marschierten am 9. nach Freiburg und die versammelte Armee unter dem Befehl von Keith, nahm am 10. im Umfeld Merseburgs Quartier. Schon am 10. traf Friedrich in Leipzig ein. Hier erhielt er die Nachricht, dass der österreichische Marschall Daun sich Eulenburg nähere, um dort die Brücke über die Mulde zu zerstören; von Winterquartieren schienen also beide Seiten nichts zu halten. Nachdem Friedrich ein Bataillon zur Mulde abgeschickt und zwanzig Pontons nach Torgau befohlen hatte, brach er am 13. November nach Schlesien auf.

„Jetzt folgen wir dem Menschenfreund,
den Blick gekehrt nach Wien,
zu schlagen einen andern Feind
und lassen diesen ziehn."

Feldmarschall Keth bekam den Auftrag, zu einem Ablenkungs- und Störmanöver mit zehn Bataillonen und zehn Schwadronen nach Böhmen zu ziehen, damit Friedrichs Marsch unauffälliger vor sich gehen könne. Um Leipzig zu

decken, verblieb Prinz Heinrich mit drei Bataillonen und sechs Schwadronen dort, gleichzetig bekam er den Befehl, über die Magdeburgischen und Halberstädtischen Lande. Der schon von uns zitierte Carl von Clausewitz schrieb später über diese Wochen des November 1757:
„So brachte der bei Roßbach erfochtene Sieg den König kaum einen Schritt weiter vom Abgrund zurück, in welchen sein Staat zu stürzen und ihn unter seinen Trümmern zu begraben drohte."

Nachträge:

Das Marschjahr 1757, Personen- und Ortsnamen von A bis Z, militärische Begriffe von A bis T, Literatur-Auswahl und Verweise auf weitere Bücher des Autors.

Das Marschjahr 1757, nach Rödenbecks „Tagebücher Friedrich des Großen". In der folgenden Tabelle haben wir die Reisen und Märsche Friedrichs und seiner Soldaten für 1757 aufgelistet, jedoch nur bis zum 10. November, als er zu einem weiteren anstrengenden Marsch nach Schlesien aufbrach. Viele dieser Ortveränderungen hat Friedrich ohne seien Armee gemacht, sie blieb oft zurück, er selbst ließ sich von Adjutanten und Offizieren begleiten. Im Januar 1757 war er noch einmal nach Berlin und Potdam heimgekehrt, um danach erst 1763 zurückzukehren. Reisen und Marschieren damals – nun, wir werden auf diese Schwierigkeiten noch näher eingehen.

Am 28. Januar Dresden, 29. Januar Görlitz, 3. Februar Dresden, 24. Februar Lockwitz, 6. April Freiberg, 10. April Pirna, Lockwitz, 20. April Ottendorf, 22. April Nollendorf, 23. April Linay, 24. April Tschischkowitz, 26. April Kotschitz, 27. April Stradonitz,

28. April Corbatitz, 30. April Butschina, 1. Mai Suchomirsitz, 2. Mai Welleslawien, 4. Mai Lissoley, 5. Mai Czemitz, 6. Mai Prag, 13. Juni Kauerziem, 14. Juni Malhotitz, 19. Juni Prag, 20. Juni Alt-Bunzlau, 21. Juni Lissau, 24. Juni Alt-Bunzlau, 25. Juni Melnick, 26. Juni Gastorf, 27. Juni Leutmeritz, 20. Juli Likowitz, 21. Juli Sulowitz, 22. Juli Luschitz, 24. Juli Nollendorf, 25. Juli Goes, 26. Juli Pirna, 28. Juli Hartha, 29. Juli Bautzen, 31. Juli Weißenberg, 8. August Zittau, 15. August Bernstädtel, 16. August Hirschfeld, 17. August Titelsdorf, 25. August Rechern, 26. August Bautzen, 27. August Harthau, 29. August Dresden, 31. August Lomatsch, 1. September Döbeln, 2. September Colditz, 3. September Grimma, 4. September Rötha, 5. September Pegau, 8. September Unter-Nessa, 9. September Naumburg, 11. September Braunsroda, 12. September Neumark, 13. September bei Erfurt, 14. September Dittelstädt, 15. September Gotha, 16. September Dittelstädt, 17. September Kerschleben, 28. September Buttelstädt, 11. Oktober Eckartsberge, 13. Oktober Naumburg, 14. Oktober Weißenfels, 15. Oktober Leipzig, 17. Oktober Eulenburg, 8. Oktober Torgau, 19. Oktober Annaberg, 20. Oktober Groswig, 25. Oktober Eulenburg, 26. Oktober Leipzig, 30. Oktober Lützen, 31. Oktober Weißenfels, 1. November Dehlitz, 2. November Weißenfels, 3. November Braunsdorf, 4. November Roßbach, 6. November Spielberg, 8. November Freiburg, 9. November Merseburg und 10. November Leipzig.

Personen- und Ortsnamen der Schlesischen Kriege von A bis Z

Anhalt-Dessau, Leopold von, 1676 bis 1747. Alter Preußischer Feldmarschall und „Exerziermeister“ der Armee. Sieger der Schlacht von Kesselsdorf.

Anhalt-Dessau, Moritz von, 1712 bis 1760. Sohn von Leopold und preußischer Feldmarschall.

Braunschweig-Bevern, August Wilhelm von, 1712 bis 1781. Preußischer General und Verlierer von Breslau.

Braunschweig-Lüneburg, Ferdinand von, 1721 bis 1792. Preußischer Generalfeldmarschall und Befehlshaber der verbündeten Truppen auf dem westlichen Kriegsschauplatz.

Breslau, Hauptstadt Schlesiens. Vertragsort am 4. Juni 1741 und am 11. Juni 1742. Schlachtost am 22. November 1757.

Broglie, Victor François, 1718 bis 1804. Feldmarschall der französischen Truppen in Deutschland.

Browne, Maximilian Ulysses von, 1705 bis 1757. Österreichischer Feldmarschall.

Bunzelwitz in Schlesien. Preußisches befestigtes Lager 1761.

Burkersdorf in Schlesien. Für die Preußen siegreiches Gefecht gegen die Österreicher am 21. Juli 1762.

Buturlin, Alexander Borrisowitsch, 1704 bis 1768. Russischer General der gegen Preußen eingesetzten Streitkräfte.

Chotusitz in Böhmen. Siegreiche Schlacht der Preußen gegen die Österreicher am 17. Mai 1742.

Daun, Leopold Josef von, 1705 bis 1766. Sieger von Kolin und Österreichischer Generalfeldmarschall.

Dresden, Hauptstadt Sachsens. Im Siebenjährigen Krieg mehrmals von verschiedenen Kriegsteilnehmern belagert.

Elisabeth, Jelisaweta Petrowna, 1709 bis 1762. Russische Zarin.

Fermor, Wilhelm, 1704 bis 1771. Oberbefehlshaber der russischen Truppen in Deutschland.

Finck, Friedrich August von, 1718 bis 1766. Preußischer General, kapitulierte am 21. November 1759 bei Maxen.

Freiberg in Sachsen. Preußischer Sieg gegen die Reichsarmee am 29. Oktober 1762.

Groß-Jägersdorf in Ostpreußen. Niederlage der Preußen gegen die Russen am 30. August 1757.

Hochkirch in Sachsen. Preußische Niederlage gegen Österreich und Sachsen am 14. Oktober 1758.

Hohenfriedeberg in Schlesien. Preußischer Sieg gegen die Österreicher und Sachsen am 4. Juni 1745.

Hubertusburg in Sachsen. Friedensschluss am 15. Februar 1763 zwischen Preußen, Österreich und Sachsen.

Lothringen, Karl Alexander von, 1712 bis 1780, Bruder des Kaisers. Bis 1757 Befehlshaber der österreichischen Truppen.

Katharina II., Alexejewna, 1729 bis 1796. Russische Zarin.

Katholisch-Hennersdorf in Sachsen. Siegreiches preußisches Gefecht am 23. November 1745 gegen österreichische und sächsische Truppen.

Kay in der Mark Brandenburg. Preußische Niederlage gegen die Russen am 23. Juli 1759.

Keith, Jakob von, 1696 bis 1758. Britischer Marschall, der seit 1747 in preußischen Diensten stand.

Kesselsdorf in Sachsen. Preußischer Sieg gegen Sachsen am 15. Dezember 1745.

Kolin in Böhmen. Friedrichs erste Niederlage gegen Österreich am 18. Juni 1757.

Kunersdorf in der Mark Brandenburg. Niederlage der Preußen gegen die vereinigte östereichisch-russische Armee am 12. August 1759.

Laudon, Gideon Ernst Freiherr von, 1717 bis 1790. Österreichischer Feldmarschall.

Lehwaldt, Johann von, 1685 bis 1768. Preußischer Feldmarschall und Oberbefehlshaber der preußischen Truppen in Ostpreußen.

Leuthen in Schlesien. Preußischer Sieg gegen die Österreicher am 5. Dezember 1757.

Liegnitz in Schlesien. Preußischer Sieg gegen die Österreicher am 15. August 1760.

Lobositz in Böhmen. Österreichische Niederlage gegen die preußischen Truppen, welche die sächsische Armee eingeschlossen hielten, am 1. Oktober 1756.

Maxen in Sachsen. Hier kapitulierte am 21. November 1759 ein preußisches Korps vor den Österreichern.

Mollwitz in Schlesien. Erste Schlacht der schlesischen Kriege am 10 April 1741, Sieg der Preußen.

Moys in Schlesien. Gefecht zwischen Preußen und Österreichern am 7. September 1757.

Neipperg, Wilhelm Reinhard von, 1684 bis 1774. Leitete als österreichischer Feldmarschall die ersten Operationen gegen Preußen 1741.

Peter III., 1728 bis 1762. Russischer Zar und Verehrer Friedrichs.

Pirna in Sachsen. Dort kapitulierte die sächsische Armee am 16. Oktober 1756 gegen die Preußen.

Podewils, Heinrich von, 1695 bis 1760. Preußischer Minister.

Prag, böhmische Hauptstadt. Preußischer Sieg gegen die Österreicher am 6. Mai 1757.

Rohan, Charles de Prinz von Soubise, 1715 bis 1787. Befehlshaber der französischen Truppen bei Roßbach.

Saltykow, Pjotr Semjonowitsch, 1701 bis 1772. Befehlshaber der russischen Truppen in Deutschland und Sieger von Kunersdorf.

Schwerin, Curt Christoph von, 1684 bis 1757. Preußischer Generalfeldmarschall, Sieger von Mollwitz, gefallen vor Prag.

Seydlitz-Kurzbach, Friedrich Wilhelm von, 1721 bis 1773. Preußischer General und Organisator der Kavallerie und Sieger bei Roßbach.

Soor in Böhmen. Preußischer Sieg gegen Österreich am 30. September 1745.

Torgau in Sachsen. Sieg der Preußen über Österreich am 3. November 1760 als letzte große Feldschlacht des Krieges.

Winterfeldt, Hans Carl von, 1707 bis 1757. Preußischer General und militärischer Berater Friedrichs.

Zieten, Hans Joachim von, 1707 bis 1786. Preußischer General, „Ahnherr der Husaren“.

Zorndorf in der Mark Brandenburg. Nominell Sieg der Preußen über die Russen am 25. August 1758, brachte aber keine Entscheidung.

Militärische Begriffe von A bis T

Avancieren – Vorwärstbewegung der Infanterielinie entweder im Avancierschritt von 75 oder im Geschwindschritt von 108 Schritt in der Minute

Bataillon – Taktische und verwaltungstechnische Einheit von 700 bis 800 Mann

Brigade – In Friedrichs Armee größte taktische Formation des preußischen Heeres

Division – Keine fest umrissene Größe, in der preußischen Armee aus zwei Pelotons bestehend; aber auch der Flügel einer Schlachtordnung

Dragoner – Auch berittene Infanterie genannt. In Friedrichs Kriegen als schwere Schlachtkavallerie eingesetzt

Eskadron – Truppenkörper der Kavallerie, zwei Kompanien bildeten eine Eskadron

Freikorps – irreguläre Truppeneinheit aus Freiwilligen, eingesetzt zu Sicherungs- und Aufklärungaufgaben

Fünfmärschesystem – von den vorhandenen Magazinen abhängige Operation, in der die Truppen mit der Neuntage-Verpflegung fünf Tagemärsche zu absolvieren hatten

Füsiliere – die leichte Infanterie des Heeres

Garnisonregiment – besonders zu Friedrichs Zeiten weniger brauchbare Regimenter fü den Wachdienst und den Schutz der Festungen

Grenadiere – sie wurden in Kriegszeiten zu Bataillonen zusammen gezogen und bildeten meist die Elite der Armee

Husaren – die leichte Kavallerie, sie diente der Aufklärung, Sicherung und Verfolgung

Jäger – die leichte Infanterie der Armee, die sich aus Förstern und Jägern rekrutierte und für den Erkundungsdienst eingesetzt wurde

Karree – eine Gefechtsform der Infanterie mit Front zu allen Seiten

Kleinkrieg – in ihm bekämpfen kleine bewegliche Einheiten das Hinterland des Gegners, um den Nachschub und Nachrichtendienst zu stören

Kompanie – kleinste „Verwaltungseinheit" der Armee in der Stärke von etwa 120 Mann

Kordon – militärische Absperrung des Geländes

Kroaten – im Kleinkrieg eingesetzte leichte Infanterie und Kavallerie der Österreicher

Kürassiere – die schwere Schlachtkavallerie der Armee, die Reiter waren mit schwerem Brustpanzer (Kürass) ausgerüstet

Lager – in den Feldzügen der Zeit Unterkunft für längeren Aufenthalt im freien Gelände gedacht

Lineartaktik – gebräuchliche Schlachtordnung der Zeit, bei der die Truppen in lang auseinander gezogenen Treffen aufgestellt wurden

Magazine – weil man sich nicht immer aus dem Land verpflegen konnte oder wollte, wurden diese Vorratlager an günstigen und leicht erreichbaren Orten für Mehl, Brot und Material angelegt

Musketiere – früher nur mit Musketen ausgerüstste Infanterie, unter Friedrich die Linieninfanterie der Armee

Peloton – kleinste taktische Einheit, acht kamen auf ein Bataillon. Pelotonfeuer: genau aufeinander abgestimmtes Salvenfeuer der Pelotons

Regiment – größte selbständige Einheit der Armee. Die Kriegsstärke eines Infanterie-Regiments betrug 1.740, die eines Dragoner-, Kürassier- oder Husaren-Regiments jeweils 900 oder 1.150 Mann

Treffen – taktische Einheit innerhalb der Schlachtordnung, in der Regel zwei oder drei Glieder stark

Literatur-Auswahl

Archenholtz, Johann Wilhelm von: Geschichte des Siebenjährigen Krieges in Deutschland
Barsewisch, C.F.R. von: Meine Kriegserlebnisse
Friedrich II.: Geschichte meiner Zeit
Generalstabswerk, GStW: Die Kriege Friedrich des Großen
Goltz, Colmar Freiherr von der: Roßbach und Jena
Liebe, Georg: Der Soldat in der deutschen Vergangenheit
Müller, Adolf: Die Schlacht bei Roßbach
Retzow, Friedrich August von: Charakteristik der wichtigsten Ereignisse des Siebenjährigen Krieges
Schroeter, Ernst: Die Schlacht bei Roßbach
Wiltsch, Joh. E. Theo.: Die Schlacht von nicht bei Roßbach...

Im Zeitalter des Internets ist es leicht, sich die zugehörigen Verlage und Jahreszahlen der Erscheinug der Bücher selbst herauszusuchen.
Der Autor verweist auf zwei seiner nur noch antiquarisch erhältliche Werke zweier preußischer Schlachten: „Hohenfriedeberg – Sieg im Morgengrauen“, ISBN 3-7909-0621-2

und „Leuthen – Ein Wintertag in Schlesien“, ISBN 3-7909-0591-7.

Er verweist außerdem auf die bisher im Rediroma-Verlag erschienenen Bücher:

Flinte, Forke und Skalpell – Landarzt in Deutschland

Soldat und Menschenfreund – Friedrich Wilhelm von Rohdich

Das Hitler-Attentat vom 8. November 1939 – Wenn es gelungen wäre

Das Hitler-Attentat vom 20. Juli 1944 –Wenn es gelungen wäre

Pimpfe, Pauker und Propheten – Jugend in Deutschland 1930 bis 1948

„Als die Ostfriesen frech geworden...“ – Eine politische Zukunfts-Vision

Weites Land – raues Volk – Eine harte Lebensgeschichte aus Ostfriesenland

Ein Mäusekrieg – Ein Tagebuchbericht von 1938 bis 1954

Abenteuer Kriegshunde in den Weltkriegen – Tatsachenberichte

Terra mirabilis – Mit Peter Mefferten zu den Sehenswürdigkeiten unserer erneuerten Erde

Die Abbildungen

Unser Titelbild: „Friedrich vor der Schlacht von Roßbach“. Das Gemälde von Robert Warthmüller, (1859 bis 1895), zeigt den König mit Seydlitz und Ferdinand von Braunschweig am Dachfenster des Herrenhauses von Roßbach den Anmarsch der Reichsarmee und der Franzosen beobachtend

Bild 1: Friedrich II. nach einem Gemälde von Pesne

Bild 2: Friedrich II. nach einem Gemälde von Anton Graff

Bild 3: Friedrich Wilhelm von Seydlitz, Zeichnung von Menzel

Bild 4: Marschall Keith, Zeichnung von Pesne

Bild 5: Friedrich II. ehrt Gefallene

Bild 6: Marschall Richelieu

Bild 7: von links oben nach rechts unten: Prinz von Soubise, Prinz Hildburghausen, Herzog von Broglie, Gideon von Laudon

Bild 8: von links oben nach rechts unten: Ferdinand von Braunschweig, Prinz Heinrich von Preußen, Fürst Moritz von Anhalt-Dessau, Friedrich Wilhelm von Seydlitz

Bild 9: oben die Heeresbewegungen vor der Schlacht, unten Karte der Schlacht von Roßbach

Bild 10: Die Kanoniere mussten ihre Kanonen von Hand in die Schlacht ziehen

Bild 11: oben drei alte Denkmäler der Schlacht von Roßbach, unten „Die Schlacht von Roßbach“

Bild 12: Gedenkstein an die Schlacht in Burgwerben

Bild 13: oben eine Gedenktafel an Friedrich, unten eine Medaille an die Schlacht von Roßbach.

Alle Abbildungen entstammen dem Archiv des Verfassers.

E n d e